ほんとうの教育をとりもどす

生きる力をはぐくむ授業への挑戦

前屋　毅

共栄書房

ほんとうの教育をとりもどす――生きる力をはぐくむ授業への挑戦◆目　次

第5章　そこに、教員の情熱はあるか――東京都杉並区と佐賀県武雄市

まえがき

子どもを殺すな。

当たり前すぎるくらい当たり前であることは、誰もが認識している。だから子どもの虐待や殺人のニュースが流れれば、まちがいなく多くの人が嫌悪の表情を浮かべるし、言葉にだして非難したりもする。

そうした反応があるのは、あくまでも「肉体的」なことについてである。肉体的に子どもを死にいたらしめることについては、人々は怒りをあらわにする。

しかし、肉体的にではなく、精神的に子どもを殺してしまっていることがある。それについては、無関心だったり、結果的に認めてしまっていることが少なくないのだ。

たとえば、全国学力テスト（全国学力・学習状況調査）である。文部科学省はこれを「学習状況を調査するため」に始めたはずだったが、結果的には自治体ごと、地域ごと、学校ごとの「点取り競争」を招いてしまっている。その競争のために、学校では全国学力テストの過去問題や類似問題を子どもたちにやらせる「事前対策」が当然のようになってきている。その時間を確保するために通常の授業時間を犠牲にし、本来の学習進行に支障がでている。学習状況を調べるための全国学力テストが、学習に混乱を招いているのが実態なのだ。

さらに、「過去問の繰り返しばかりで、子どもたちの学習意欲は低下している」と、ある教員は言った。点数をとらせることに学校が熱をあげて、子どもたちに苦痛を与えている。これは、子どもたちを精神的に痛めつけているのと同じではないか。

全国学力テストと同じようなことが、いまの学校ではたくさん起きている。子どもたちを成長させることを目標にしなければならない学校で、意図しなくても、子どもたちを傷つけるようなことになってしまっている。それは、ほんらいの子どもたちの成長を妨げているのと同じである。ひいては、子どもを殺していることにならないだろうか。

子どもたちには生き生きと過ごし、成長してもらうべきである。学校は、教育は、そのために存在しているのではないのか。子どもたちは学ぶことを楽しんでいるのだろうか。学校での生活を、ほんとうに楽しいとおもい、自らの成長につなげている実感を得ているのだろうか。

それが、今回の取材の出発点だった。「しょせんは理想論だね」という声も聞きながら取材を続けるなかで、「まんざら捨てたもんじゃないよな」という実感を、わたしは強めていった。子どもを殺さないことを真剣に考え、試行錯誤しながら実践している学校や教員が、確実に存在していたからだ。

子どもを殺さない教育は、ただの理想論ではなく、実践できるものなのだ。今回の取材での「気づき」を、できるだけ多くの方々と共有できれば幸いである、という思いでいる。

第1章

「自ら学ぶ力」のために

――犬山市の教育改革

教育長刷新と新ポスト

「この授業をとおして、どういう子どもを育てるつもりですか」

二〇〇一年に愛知県犬山市の「客員指導主幹」に就任した杉江修治は、市内の学校現場をまわりながら、教員たちにそう問いかけ続けた。

それまで、客員指導主幹というポストは犬山市にはなかった。中京大学教授の杉江を新たなポストを設けてまで招いたのは、「授業改善」のためである。

犬山市は、文部科学省（文科省）が二〇〇七年から実施した、小中学校の生徒を対象とする「全国学力・学習状況調査」、いわゆる「全国学力テスト」への不参加を、公立としては唯一選択した自治体として全国的に注目されることになる。国が決めたものを地方が拒否したことで、「反逆」と表現する報道もあった。

犬山市は国に逆らうために不参加を決めたわけではない。犬山市がすすめてきた教育改革から導かれた答として、同市教育委員会は不参加を選択したにすぎなかったのだ。その教育改革をすすめた一人が杉江であり、「どういう子どもにそだてるか」は改革の大きなテーマのひとつでもあった。

犬山市の教育改革は、一九九七年に瀬見井久が教育長に就任したときにはじまった。就任したとき彼は六十歳で、それまで愛知県庁の職員として勤めあげてきた生粋の行政マンである。その頑固一徹な性格は県庁でも有名な存在で、彼のことを「古武士」と表現する人もいれば、「奇人」と呼ぶ人もいる。ただし彼は教育畑ではなく、県庁では企画畑を長く歩いてきた。教育については、いわば素人でしかない。その彼が教育長に抜擢されたのは、一九九五年に犬山市長に就任していた石田芳弘に懇願されたからだった。石田は、瀬見井を抜擢した理由を次のように説明した。

「私は愛知県議会議員を務めていたこともあり、そのときに文教委員を長くやり、委員長までやりました。だから、教育には関心がありました。それで犬山市長になったとき、教育・文化を中心にした街づくりをやろうと考えたんです。それには、教育長がキーマンになる。

しかし教育長というと名誉職のようなところがあって、校長経験者の、双六でいえば『上がり』のようなポストです。それだけに校長職をまじめに勤めあげた人が就任しているわけで、もっとも校長らしい人が就くポストともいえる。

そうした校長経験者の最大の欠点は、『上意下達』が骨の髄までしみこんでいることです。つまり、文科省の意向を是として、それを生真面目に実行するだけの人が校長なのです。そうした校長の代表のような人が教育長に就くわけですが、そんな教育長では街の特色になるような教育はできない。だから、瀬見井さんにお願いしたんです」

文科省の意向を是とするばかりでは、全国共通のものにしかならない。それが、文科省の方針でもある。それでは、注目されることにはならない。「特色」のある教育で犬山市が注目されれば、石田の政治手腕が注目されることにもつながる。特色のある教育をテーマに石田が掲げたのは、そうした政治家としての思惑もあったにちがいない。それには、文科省の意向を是としない気骨のある教育長が必要だったのだ。そして、古武士であり、奇人である瀬見井に白羽の矢をたてた。

とはいえ、文科省の意向に逆らうことだけが目的の無節操な改革では、嘲笑を買うばかりで評価されることにはならない。当然ながら、それでは石田の思惑とは一致しない。そうならない確信が、瀬見井の行政マンとしての誠実な仕事ぶりを知っている石田にはあったようだ。

どんな教育改革を教育長として実行しようとしたのか、すでに教育長の座を辞していた瀬見井の自宅を訪ね、訊いてみた。八十に近い年齢のはずだが、二時間以上にわたる取材中、彼は座敷に正座したまま、背筋を伸ばした姿勢をくずさずに応じた。まさに、古武士のような人だった。

「それまで教育にかかわったことはなかったが、教育でいちばん大事にしなければならないのは『学ぶことは楽しい』というのが、以前から私の頭には常識としてあった。子どもが学ぶことは楽しいとおもい、教員は教えることに喜びを感じる、それが教育の原則だね」

その常識が学校現場で実践されていると、教育長に就任する前の瀬見井はおもっていたのだろうか。実践されていれば、瀬見井が教育改革に乗り出す必要性はなかったはずである。その疑問に、彼は次のように答えた。

「教育にはかかわっていなかったけど、情報は聞こえてきていた。というのも、当時は新学習指導要領が話題になっていて、教育についての報道がたくさんあったからね。だから、私のおもっているような教育現状ではない、と考えていた。

ただ、新学習指導要領では、『自ら学ぶ力』が大きなテーマとしてあがっていた。自ら学ぶ子どもを育てる教育というのは、私のおもっていた教育と合致する。それを新学習指導要領が『やれ』といっているのだから、これをやりたい、とおもった。だから、教育長の話があったとき、引き受けたんです」

「ゆとり教育」の衝撃

瀬見井が教育長に就任した翌年、つまり一九九八年には学習指導要領の改訂が予定されていた。一〇年ごとに改訂される教育指導要領は、文科省が学校に指示する教育内容である。その九八年改訂、文科省の「学習指導要領等の改訂の経過」には、次のような過程を経て決められたと説明してある。

「平成8(一九九六)年の中央教育審議会の『21世紀を展望した我が国の教育の在り方について』の第1次答申は、21世紀を展望し、我が国の教育について、[ゆとり]の中で[生きる力」をはぐくむことを重視することを提言した。「生きる力」について、同答申は『いかに社会が変化しようと、自分で課題を見つけ、自ら学び、自ら考え、主体的に判断し、行動し、よりよく問題を解決する資質や能力』、『自らを律しつつ、他人とともに強調し、他人を思いやる心や感動する心など、豊かな人間性』、そして、『たくましく生きるための健康や体力』を重要な要素として挙げた」

この提言をもとに改訂された九八年の新学習指導要領は、「生きる力」を養うことを基本的なねらいとして方針が決められている。その柱ともいうべき「自ら学び、自ら考える力を育成する」方針について、文科省の説明は次のようになっている。

「これからの学校教育においては、多くの知識を教え込むことになりがちであった教育の基調を転換し、児童に自ら学び自ら考える力を育成することを重視した教育を行うことが必要との観点から、総合的な学習の時間の創設のほか、各教科において体験的な学習や問題解決に学習の充実を図った」

文科省も、それまでの知識を詰め込むだけの教育を反省していたことになる。そして「自ら学ぶ」ことによって、「生きる力」を養う教育への転換をしようと考えていたのだ。

瀬見井が原則と考えるような教育は学校では実現されていなかったのを、文科省も認識していたのだ。そして、その原則の方向へ文科省が踏みだそうというのだから、彼がやる気になったのも無理はない。

ただし、世の中が「自ら学ぶ力」や「生きる力」の教育にもろ手を挙げて賛成したかといえば、そうでもない。むしろ、逆風が吹いていた。

九八年新学習指導要領は、いわゆる「ゆとり教育」をもたらした。先ほどの「学習指導要領等の改訂の経過」では、「ゆとりのある教育活動を展開する中で、基礎・基本の確実な定着を図り、個性を生かす教育を充実すること」と方針を説明し、完全学校週五日制が実施されることになり、物理的に教科書のページ数も少なくなった。「ゆとり」は「勉強しなくていい」という意味では絶対にないのだが、学習時間と内容を減らせば学力低下につながるという危機感がにわかに起きてくる。「自ら学ぶ力」など子どもにあるわけがないと決め込み、子どもには教え込まなければならない、という「日本における教育の常識」が吹き上がってきたのだ。それは、日本の教育をゆがめる根源に流れている考えでもある。

学力低下論に文科省も揺れていた。九八年に改訂された学習指導要領は二〇〇二年四月から実施されることになっていたが、その約一年前の二〇〇一年一月五日、『読売新聞』が一面トップでスクープ記事を掲載する。「『新学習指導要領』で文部省が指針『ゆとり教育』抜本見直し、学力向上に力点」とタイトルが付けられた記事は、まだ実施もされていないにもかかわらず、文科省（当時は文部省）が「ゆとり教育を」を見直すという画期的な内容だった。その記事は、次のように伝えていた。

「九八年に改訂し、二〇〇二年度から導入される小、中学校の新学習指導要領は、学校週五日制の完全実施に伴い、授業時間と内容を三割程度減らし、学習内容を厳選した『ゆとり教育』の実現を求めている。

しかし、最近、学力低下問題がクローズアップされており、『ゆとり教育』がこうした傾向に拍車を掛けかねないと懸念する声が高まっていた。

このため、文部省は、『ゆとり教育』の指針となる『基礎学力向上への戦略』をまとめ、具体的な指導方法や授業内容について学校現場に例示することにした。

まず、新学習指導要領はあくまで学習内容の最低基準を示すものである点を強調。『ゆとり教育』とは『心のゆとり』を求めるものと定義し、新学習指導要領の範囲を超える内容の授業も積極的に行い、学力向上を求めている」

ポイントは、文科省が学習指導要領を「学習内容の最低基準」としたことである。それまで文科省は、学習指導要領を「絶対のもの」としてきた。最初からそうだったわけではなく、徐々にそうしてきた経緯がある。そうすることによって、文科省は自らの権威と力を確保してきたのだ。それを「最低基準」として、「文科省が決めた以上のこともやっていいよ」とすることは、自らの権威と力を自ら弱めることになってしまう。そんなことは、それまでの文科省なら絶対にやらない。文科省だけでなく、役人・役所なら絶対にやらない。それをやったとすれば、画期的という言葉では表現できないくらいの出来事だったといっていい。

当然、この記事についての問い合わせが、教育委員会や学校から文科省に殺到することになる。学校関係者にしてみれば、とても信じられないことだったからだ。『読売』の誤報としかおもえず、それを確認するための問い合わせでしかなかった。

問い合わせを受けたのは、小中学校の学習指導要領を担当している文科省の初等中等教育局（初中局）だったが、そこの職員たちは記事を否定することができなかった。『読売』の記事は事実だったからにほかならない。

ただし、それは文科省のなかで「合意」していることでもなかった。記事がでた翌日の一月六日、各都道府県教育委員会に宛てて、「一月五日付の新学習指導要領に関する報道について」というタイトルがつけられた文書がファックスで送られてきた。差出人は「初等中等教育局小学校課」（当時）となっていたものの、正式なものではない。誰がだしたのかわからない、いわゆる「怪文書」だったのだ。ただ、文科省の内部から発信されたことだけは、まちがいない。

その怪文書は、「抜本見直しは考えていない」といった表現で、学習指導要領による権限と力を維持する文科省の意思を示す内容となっていた。学習指導要領を「最低限」として文科省の権限と力を弱めてまで「ゆとり教育」の抜本的見直しをすることは、文科省の統一見解ではないことを強調している。

なぜそんなことになったかについては、一人の文科省官僚が大きく関係していた。当時の文科省次官だった小野元之である。そのことを次官を退いていた小野にインタビューして確認したことがある。

「あの時点では、（初中局の合意は）とれていなかったかもしれません」

学習指導要領を最低基準としたのは「独断」だったことを、小野はあっさりと認めたのだ。小野の決断は、初中局の役人にとって寝耳に水だったわけでもない。それまで初中局を中心に、「ゆとり教育」の見直しについては議論がくりかえされていたのだ。「ゆとり教育」が「学力低下」にむすびつけられて、初中局の役人たちも弱り切っていた、といったほうがいいかもしれない。「ゆとり教育」を見限って、学力中心に戻したいのが官僚たちの本音だったかもしれない。そうすれば、批判をうけることもなくなる。

しかし、文科省だけでなく霞ヶ関（中央官庁）の役人たちには、自分たちが一度は決めた方針を否定するという慣習がない。「ゆとり教育」が学力低下にむすびついていないと考えるからではなく、自分たちが決めてしまった「ゆとり教育」の方針を自ら否定することは絶対にできなかっただけのことである。

「最後は、『私が責任を負うことは言いますよ』と申し上げました」

小野は取材のなかでこう答えた。自分が全責任をとるかたちで文科省初中局を黙らせ、「ゆとり教育」の方向転換を決めたというわけだ。怪文書は、小野に抵抗して、あくまで「ゆとり教育」を貫徹させるための狼煙というよりも、文科省官僚として「自分たちは方針を変えたわけではない」とアピールしたかっただけ、ともおもえる。実際、「ゆとり教育」の方針から逆方向に文科省が走りだしたにもかかわらず、大きな抵抗はなかった。そして文科省の官僚だけは、「ゆとり教育」を否定したとは認めたがらない。だからといって、本来の「ゆとり教育」を貫徹する姿勢も、文科省にはない。

学習指導要領をめぐって

こうした混乱のなかで、瀬見井は犬山市の教育長に就任したことになる。「ゆとり教育」である新学習指導要領の方針を実行すれば自分が考える教育の基本を実現できるとおもい就任したにもかかわらず、肝心の新学習指導要領が骨抜きになってしまったのだ。瀬見井が文科省の意向を是とする上意下達の人であれば、あっさりと自分が考える教育の基本など捨てていたかもしれない。しかし瀬見井は、「古武士のような人」である。

文科省方針転換の新聞記事がでて一〇日後の一月二四日、次官の小野は都道府県教育長協議会で、新学習指導要領について「最低基準である」との説明を行った。教育長協議会で次官自らが説明に立つのは、かなり異例のことだ。文科省官僚に宣言したとおり、彼は自らの責任で「ゆとり教育」の転換を宣言したことになる。正式な実施を待たずして、すでに「ゆとり教育」は転換を運命づけられていたわけだ。

その後、「ゆとり教育」で学力が低下したとか、若者の質が低下した、などといった批判の嵐が吹き荒れることになる。しかし、そもそも方針を示すはずの文科省の姿勢そのものが腰砕けになっていたのだ。文科省の意向を是として、上意下達でしかやってこなかった学校の姿勢が固まるはずがない。「ゆとり教育」に本気で向き合えるわけがないし、実際、「ゆとり教育」の本質を理解して実行した学校は、ほとんど存在しなかった。にもかかわらず「ゆとり教育」は目の敵にされたのだから、「ゆとり教育」のほうこそ迷惑だった、といわざるをえない。

ともかく、「ゆとり教育」の「自ら学び、自ら考える力を育成する」という方針を犬山市の教育長として実践しようとしていた瀬見井にすれば、文科省の方針転換は困った事態だったのだろうか。彼が他の学校関係者のように「上意下達」の人であれば、まちがいなく困った事態だったにちがいない。

しかし、彼は困らなかった。なぜなら、「自ら学び、自ら考える力を育成する」ことは、文科省が決めたからやるのではなく、文科省に言われるまでもなく、彼が教育の基本と考えていることにほかならなかったからだ。文科省が方針転換しようがしまいが、彼が教育長としてやることは決まっていた。そこに少しの迷いもなかった。

「文科省の方針転換を聞いて、『学習指導要領は最低限で、それ以上のことは好きにやってもいいというんだから、やればいいじゃないか』と教育長はいっていました」

と、瀬見井が教育長を務める教育委員会で指導課課長を務めていた滝誠はいった。学校現場で教員を経験していた滝は、当時、瀬見井の方針に必ずしも賛成しているわけではなかった。

瀬見井と対立することも少なからずあったようだが、彼は結果的に、瀬見井による改革の急先鋒的な役割をはたすようになっていく。

文科省が方針転換したからといって、それに合わせるつもりは瀬見井にはなかった。それどころか彼は、自分の改革がやりやすくなる、と考えた。

「文科省次官の小野さんが『学習指導要領は最低基準』と説明したのは、その裏を返せば、拘束をはずした、ということなんだ。学習指導要領の拘束をはずした、ということなんだね」

と、瀬見井は力をこめて説明した。

そもそも学習指導要領は、学校を拘束するようなものではなかった。戦後、初めての学習指導要領がつくられたのは一九四七年だが、それには、わざわざ「試案」という言葉が捕捉されている。その意味を、『学習指導要領・一般編（試案）』の序論では、戦前・戦中の教育を「その内容を中央で決めると、それをどんなところでも、どんな児童にも一様にあてはめていこうとした。だからどうしてもいわゆる画一的になって、教育の実際の場での創意や工夫がなされる余地がなかった」と反省し、「そういう工夫があってこそ、生きた教師の働きが求められるのであって、型の通りにやるなら教師は機械にすぎない」と述べている。中央のつくる学習指導要領は絶対なものではなく、各学校、各教員が教育を工夫するための参考でしかない、だから「試案」だ、というのだ。

ところが、一九五五年に結成された自由民主党が政権をとると、教育の国家統制が急速にすすめられていく。教育の国家統制といえば文科省が権限を強めていくということであり、そこに大きな役割をはたしていくのが学習指導要領だったのだ。

一九五八年七月に新学習指導要領が発表されるのだが、このときから『官報』に公示されるようになる。そして文科省は、官報で公示する意味について、「法的拘束性」をもつようになった、と説明していく。それまで「試案」だったものが、「法的拘束性」をもつようになって「絶対的なもの」になったのだ。学校では、学習指導要領の内容以上も以下も教えられなくなり、学校も教員も自立性を失っていく。文科省だけが教育の方針を決める絶対的なものになっていったのだ。

瀬見井の周到な準備

小野が「最低基準」の宣言をしてから一年後の二〇〇二年一月一七日、新学習指導要領が導入される目前、文科省は「確かな学力の向上のための2002アピール『学びのすすめ』」を発表している。

そこには、「学習指導要領は最低基準であり、理解の進んでいる子どもは、発展的な学習で力をより伸ばす」と明記してある。さらには、「放課後の時間などを活用した補充的な学習や朝の読書などを推奨・支援するとともに、適切な宿題や課題など家庭における学習の充実を図ることにより、子どもたちが学ぶ習慣を身に付ける」とも記されている。「ゆとり」から、あからさまな「学力重視」への方針転換だ。上意下達を旨とする全国の学校が、この文科省方針へいっせいに駆けだしたことはいうまでもない。

ただし、瀬見井が教育長を務める犬山市だけは違った。冒頭で述べたように、犬山市教育委員会は、文科省次官の小野が「学習指導要領は最低基準」と宣言した二〇〇一年に中京大学教授の杉江修治を、授業改善のために客員指導主幹として迎えた。その授業改善は、方針転換した文科省が目指す学力重視ではなく、それまでの文科省が指導してきた教育でもなく、あくまで瀬見井の持論である「自ら学ぶ力」を育む教育を実現するためのものだった。文科省の方針はコロリと変わっても、瀬見井の持論だけは変わらない。杉江を迎えたのは、そのためだった。

犬山市での教育改革を推し進めるにあたって、瀬見井の準備は用意周到だった。

一九九七年に教育長に就任した彼が最初にやったのは、教育委員会における「人の問題」である。それまでの教育委員会の事務局に、学校現場出身の職員は「指導主事」という肩書きの一人しかいなかった。それも県教育委員会からの指名で決められ、市の意向が反映しにくい構造になっていた。県の意向をとおしやすいように、指導主事の給与は県と市が折半することになっている。「カネをだすから口もだす」というわけで、上意下達になる仕組みになっているといえる。

そこで瀬見井は、部長、課長、主幹という新しい役職をつくって、ここに学校現場出身者を据えた。指導主事も一人増やし、学校現場出身者が一気に五人となる布陣を敷いた。学校の改革をやるためには、現場の事情がわかる現場出身者の存在は欠かせないと考えたからだ。

そのために新たに三〇〇〇万円ほどの予算が必要となったが、それは市で負担することにした。県にカネをだしてもらえば口出しも許さざるをえないが、それでは改革はできない。もっとも人を増やして予算増を県に要求したところで、まちがいなく拒否されたはずだ。予算の増えることは、たとえ有意義なことでも簡単にとおらないのが行政であり、教育行政でもかわりない。市が予算の全額を負担することで、県ではなく市の意向を優先して動く現場出身者が、教育委員会内に一気に増えたことで、改革の主導権を市が握ることが明確になった。

言うまでもなく、それができたのは、教育改革について瀬見井にすべてを任せた市長の存在があったからである。教育改革には予算も必要で、そればかりは教育長の力だけではなんともできない。予算という政治の世界のことについては、やはり政治家である市長の力がものを言うことになる。

教育改革のための陣容を整えたのは、教育委員会内部についてだけではなかった。教育改革で重要なのは、なんといっても学校現場である。その学校現場で大きな発言力をもつのは校長であり、その校長が前向きでなくては、改革は成功しない。当然、瀬見井は、改革に積極的に取り組んでくれそうな人物を校長にすることを考えた。

「こちらの理想を実現してもらうには、こちらの息のかかった校長でなきゃダメなの。そんなの当たり前、常識だ。それは一般の会社も同じで、社長の意を汲んでやってくる人物を重役におかないと、方針は徹底できない。初歩的なこと、当たり前の話だな」

ただし、それには超えなくてはならない高い壁があった。犬山市の小中学校の校長人事を握っているのは、犬山市教育委員会ではなく、愛知県教育委員会（県教委）だったのだ。人事権を握ることで、県教委は愛知県の教育界で強い力をもちつづけていた。それだけに、県教委も簡単に人事権を離すわけにはいかない。その県教委は、文科省の方針を忠実に守り、実行する教育界の常識ともいえる上意下達を厳守する存在でしかない。文科省が「自ら学ぶ力」を尊重する「ゆとり教育」の方針を捨ててしまったのだから、県教委に指名された校長が、「自ら学ぶ力」の教育を犬山市で実現しようとする瀬見井に従うはずがない。従うどころか、反対勢力として立ちはだかる可能性も強い。瀬見井にしてみれば、どうしても県教委の息のかかっていない校長の存在が必要だったといえる。

そこで瀬見井がもちだしたのが、「内申権」である。校長人事について県教委が任命権をもっているのは事実だが、独断的に任命できるわけではない。それまで独断的に行われてきたのは、いわば慣習でしかなかった。地方教育行政法上は、市町村教委による内申を前提にして県教委が任命することになっている。つまり県教委が独断で人事を左右できるのではなく、市町村教委の考えを優先して人事を行わなければならない、となっているのだ。法律的に裏付けされていることを確認した瀬見井は、それを行使することにした。一九九九年のことである。

前例なき「民間人校長」の試み

この年に県教委が犬山市内の小中学校の校長として示してきた人事案を、瀬見井は蹴る。再検討するよう求め、同時に市教委としての推薦案も提示する。このときの人事対象は一〇名ほどだったが、さすがに全部を市教委の言うとおりにしろといえばカドがたつと考えたのか、推薦は三人ほどにとどめた。

「それでも大事件になったね。すぐに地元新聞が、『犬山市教育委員会、反乱を企む』とかいう見出しで、一面トップで報じた。法律的には当然のことでも、県教委に異を唱えるなど、とんでもないことだったんだね」

といって、瀬見井は笑った。その前代未聞の内申権行使を、県教委は受け入れる。権限を弱めることを自ら認めることになるわけだから、徹底的に抵抗してもおかしくない。しかし、県教委は折れた。それには、実のところ瀬見井も驚いたらしい。

「まさか、内申権が認められるとはおもわなかった。しかし、県教委も市町村が内申権をもっているのは承知していただろうから、反論もできなかったんだろうね」

犬山市教委が内申権の行使に成功すると、その後、内申権を行使する市町村が増えていく。前例がないと率先して実行しないが、前例ができたとなると、それまでの慣習はあっさり捨ててしまう、そんなところが教育界にはある。

ともあれ、瀬見井は「息のかかった校長」を学校に送り込むことができたわけだ。それにしても、教育長に就任してから二年足らずで、「息のかかった」といえるような人物がいたのだろうか。それまで教育とは無関係な瀬見井が、それだけの人脈を築いていたとしたら驚きである。それについて質問すると、瀬見井は笑いながら答えた。

「私の考えをわかっているか、わかっていないか、そこまでは知らん。わかってくれるかどうか、それも読める状態ではなかった。ただ、上意下達だけではない校長になる可能性のある人物を選んだ」

瀬見井にしても、この時点では、はっきりとした教育改革の青写真があったわけではない。「自ら学ぶ力」を養う教育という揺るぎない目標はあっても、それをどう実現していくかは、暗中模索の段階でしかなかった。それでも、「自ら学ぶ力」を放棄した文科省と足並みがそろわないのはわかりきっている。「上意下達の人間では役に立たない」と考えていたことだけは確かである。瀬見井は強烈な個性の持ち主で、独断的な傾向の強い人でもあるが、自分の言いなりになる人物を好まなかったようだ。「自分に反抗してくるくらいの気構えのある人を評価するところがあった」と、当時を知る人たちは口をそろえる。内申権を行使しての校長も、そういう人を選んだにちがいない。

内申権を行使しただけではない。内申権を行使しても、校長になれるのは、小学校や中学校で教員を経験してきた人物にかぎられる。それだけでは、瀬見井が考えるような「自ら学ぶ力」を養う教育の実現はできない、と考えたようだ。そこで彼は、教員出身ではない、研究者からの校長抜擢に動きだす。新しいことをやるには、それまでの考え方に縛られ過ぎてもダメだが、やはり理論は必要だ、と考えたらしい。教員経験者ではない人物を校長に抜擢する、いわゆる「民間人校長」である。

二〇〇〇年になって、白羽の矢が立てられたのが、中京大学教授の杉江だった。二〇〇一年度から杉江を民間人校長として迎えるために、犬山市教委は積極的に動きはじめる。彼は理論・理屈だけの学者ではない。全国の学校をまわりながらの現場研究に主軸を置いている珍しい存在である。そういう人物だから、民間校長として学校現場を変えていく起爆剤になる、と瀬見井も考えたのかもしれない。

いまでこそ民間人校長は珍しくなくなってきているが、当時の愛知県や犬山市でも前例のないことだった。前例のないことには拒否反応を示すのが教育界である。しかも教員経験があることにプライドをもっている人たちにとって、学校関係者以外から校長に就任するなど許しがたいことである。それは、民間人校長が珍しくなくなった現在でも、学校においては支配的な雰囲気でもある。

杉江を民間人校長として迎える案は、結論的にいえば、流れてしまう。県教委も県下の校長たちで組織される校長会も、強い拒否反応を示したからだ。内申権の問題ではそうでもなかったが、これがきっかけで県教委と犬山市教委との対立が白日の下にさらされることにもなった。とはいえ、民間人校長を犬山市教委が内申しても、最終的な任命権は県教委にあるのだから、民間人校長は実現しなかったのだ。

それでも、瀬見井も犬山市教委も完全に引き下がったわけではなかった。冒頭で述べたように、市教委に授業改善を指導するポストとして「客員指導主幹」を新設し、杉江を迎えたのだ。民間人校長ほどのインパクトはないものの、教育改革に現場研究者の視点を生かすという本質部分は実現したことになる。

校長たちを変えた杉江の言葉

その後、全国的に民間校長の採用が行われるようになると、愛知県教委も認めるようになる。その旨が県教委から瀬見井にも伝えられたが、彼は「必要ない」と断ってしまう。なぜなのか。

「県教委に対する当て付けだね。こちらが民間人校長をいいだしたときに拒否された、その当て付けだよ」

瀬見井はニヤリと笑っていった。彼としては民間人校長にこだわっていたわけではなく、それによって教育を変えることが目的だった。その目的は、客員指導主幹というかたちで実現してしまった。だから、「やってもいいよ」といわれても、やる必要がなかったのだ。民間人校長が広まって問題も起きているが、その目的を深く考えず、〝他がやるからうちもやる〟式に導入したことに原因があるのかもしれない。上意下達でやっていれば、そういうことになりやすい。

さて、瀬見井が招いた杉江だったが、最初から犬山市の学校に歓迎されたわけではない。なにしろ杉江は、いきなり自分たちの領域にはいりこんできた「よそ者」なのだ。しかも授業改善のために就任した杉江を、「校長先生の先生」というタイトルで地方紙が紹介していた。校長たちにしてみれば気分がいいはずがない。

「最初の校長会に出席したときは、全員が固い表情でね、最悪の雰囲気でした。それでリーダー格らしい人が、『先生から、どういうご指導をいただけるんですか』と質問してきたんですよ」

もちろん、真摯な質問ではない。「校長先生の先生」に対する皮肉でしかない。杉江に対してだけではなく、瀬見井のやろうとしている教育改革そのものに対する、当時の学校現場の姿勢がわかるエピソードである。

瀬見井は杉江に、「少人数授業」を改革のスタートにするよう要請していた。少人数授業そのものは瀬見井の発想ではなく、ちょうど二〇〇一年度から文科省が導入を認めていたものだった。少人数にして授業をやれば子どもたちの理解度は深まる、という考えが文科省にはあった。習熟度別にまとめれば、効率的に、成績上位の子はさらに引き上げられるとの狙いもあったようだ。「自ら学ぶ力」から「学力重視」に方針転換した文科省の考えが、よく表れている。

それならクラスそのものを少人数にすればよさそうなものだが、そうすると担任教員の数を増やさなければならないので予算を増やさなければならない。特定の科目だけを少人数にすれば、非常勤で間に合うし、しかも複数の学校をかけもちさせることもできる。予算は抑えながら、特定の科目での学力向上を狙える策と考えたのかもしれない。ただし、文科省の目論んだようなかたちにはなっていないのが現実でもある。

瀬見井が少人数授業を教育改革のスタートとしてもちだしたのは、もちろん、文科省の言うことを受け入れて上意下達的に実行しようとしたからではない。

「従来の講義型の授業を壊すには、新しいものを取り入れるのがいいという、いわば行政マンのとしてのセンスじゃなかったかとおもいます。といって、文科省から教えてもらう気もなかったけれど、どうしたらいいかまでは考えていない。そこは、『お任せする』ということでした」

と、杉江はいった。とはいえ、少人数授業が瀬見井の方針であることも、そのために杉江を招いたことも、校長たちは承知している。「お手並み拝見」という気持ちもあっただろうし、「揚げ足をとってやろう」との気持ちもあったはずである。その彼らを前に、杉江は宣言した。

「私は、指導するつもりはありません」

校長たちにすれば、意外な答えだったようだ。「校長先生の先生」として乗り込んできた人物が、「教えない」といったのだ。さらに杉江は校長たちの前で続けた。

「少人数授業といっても、先行研究はありません。私も現場研究はやってきましたが、少人数授業の経験はありません。私自身にとっても、ゼロからのスタートです。犬山の少人数授業を、先生たちといっしょにつくっていきましょう。授業改善をやるために必要なのは、先生たちの意欲です」

これにも、校長たちは面食らったはずである。学校現場では、学習指導要領をはじめとして文科省が定めたものを実行していく、「言われたことをやっていく」のが常識である。教員になる教育のなかでも、教員になってからの生活のなかでも、それが染みついてしまっている。ただ、それに対する疑問をもちつづけているのも、教員なのかもしれない。「いっしょにつくっていく」という言葉は、それだけに新鮮だったはずだ。

「校長会の、その場の雰囲気がガラリと変わりました。それどころか、『ぜひやりたい』という声までがでるくらいでした」

当時を思い返し、杉江が語った。そうした校長たちの前向きな姿勢が、犬山市における教育改革を推し進めていくことになる。そこにも瀬見井の考え方が大きく影響していた。杉江がつづける。

「瀬見井の方針で、学校の『自立』を合い言葉にしました。それによって校長たちも動きやすくなったとおもいます。

校長だけでなく教員は、高学歴で採用という選抜試験に合格してきた人たちですから、もともと優秀なんです。しかし、行政が二重にも三重にも縛りをかけ、保護者の期待という縛りをかけられ、さらに行政に逆らわないように、余計なことをやらないように、自分で自分を縛っているのが教員です。あれもこれも上から指示しないとやらない、というのが文科省や教育委員会といった教育行政の根本的な考えです。そんな不信の構造では、教員は受け身になるばかりで、改革をやろうとしても教員は動かない。

だから、せめて自分自身を縛っている縄くらいほどいて、自分が考えること、思うことをやろうよ、というのが学校の自立を合い言葉にした理由です。熱心な人ががんばれる場をつくった。だから、犬山市の改革は成功したんだとおもいますよ」

教員たちの原点回帰

少人数授業を許可したからといって、そのために文科省が教員数を大幅に増やすための予算を配分したわけではない。気易く大きなテーマを投げてくるが、それに必要な予算についてはロを濁すのが文科省のやり方でもある。そんな文科省を当てにしていては、改革などできるものではない。

学校の自立を合い言葉にして少人数授業に積極的に取り組むことにした犬山市がやったことは、教える人員の確保だった。犬山市には小学校一〇校、中学校四校の計一四校の公立小中学校があるが、初年度の二〇〇一年度には計二八名の非常勤講師を配置し、翌年には四二名に増員している。もちろん、それにかかる費用はすべて市で負担した。それができたのも、教育改革を後押しする市長の役割が大きかったことはいうまでもない。

一四校で二八名だから一校あたり二名の増員だが、均等に配分したわけではない。学校ごとに、どういう規模でどういう授業をやるかを考え、それによって必要な要員を配置していったのだ。市教委が押しつけるのではなく、それぞれの学校が考え、それを実行するために市教委が人員配分というかたちで支援する。あくまで学校が主体ですすめられる少人数授業だったのだ。

その効果は顕著だった。学校の自立を合い言葉にしたことで、校長だけでなく、教員も積極的になった。言われたとおりではなく、自分で工夫しながら授業をつくっていくのだから、教員にとってもやる気のある授業になる。教員がやる気になれば、生徒も落ち着いて授業に集中するようになる。見違えるような教室の活気だった。

「しかし、二、三ヶ月が過ぎたころになって、私は『マズいぞ』とおもいはじめたんです」

杉江が言った。一見すると活気のある授業風景であり、授業改善は着々とすすんでいるようにもおもえる。それでも、杉江は不満だったのだ。

「少人数授業で活気のある雰囲気でも、やっていることは従来と同じで、教員が一方的にしゃべり、子どもたちは聴くだけという『講義スタイル』でした。たとえば、教員が授業中に生徒一人ひとりにマメに声をかけて歩いている。たしかに少人数だからできることなんですが、それは技術でしかない。そんな技術を磨いたところで、ほんとうの授業改善にはならない」

教育長の瀬見井が目指した授業改善は、講義スタイルの授業から脱して、「自ら学ぶ」ことを子どもたちに身につけさせる授業であり、教育である。それについては杉江も、瀬見井と同じ考えにたっている。その目指すものと、目の前で行われている授業とには大きな隔たりがあったのだ。

そして杉江が学校をまわりながら教員たちに投げかけた問いが、

「この授業をとおして、どういう子どもを育てるつもりですか」

だったのだ。

こういう子どもに育てろ、と指示をだすわけではない。学習指導要領のような基準を示すわけでもない。犬山市の教員たちは、自分自身で考えていかなければならなかった。

「どういう子どもを育てるつもりですか」と訊かれて、無責任に答えるわけにはいかない。無責任な教育をしたくて教職を選んだ教員などいない。にもかかわらず、何重にも縛られることで、どんな子どもを育てたいのか考える余裕がなくなってしまっていた。犬山の教員たちは、自分たちが原点にもどれる問いを、杉江から投げかけられたのではないだろうか。

試行錯誤をかさねながら、犬山市の教員たちは犬山独自の授業スタイルをつくりだしていく。それが、「学び合い」だった。

子どもたちが中心の授業

小学校三年生の算数における「学び合い」の授業について、担任していた教員は次のような文章を残している。

「本学級では、六月に扱った『大きな数』の単元以来、グループ学習を基本に、児童が学び合う算数の授業を提案してきた。話し合ったり、教え合ったりする中で答えを見つける楽しさを通して、人と関わり合うことの大切さを理解し、人と関わり合える能力を育てたいと願って実践に取り組んできた」（『子どもの学びを育てる少人数授業——犬山市の提案』明治図書）

単なる知識の詰め込みではない。子どもたち同士が学び合うことで、知識以上のことを身につけていくことを目指している。杉江に「どういう子どもを育てるつもりですか」と問われた犬山市の教員たちが追求し、たどりついた答えだった。授業が具体的にどのように展開されるのか、続きを引用してみる。

「各クラスの中のスモールグループは集団内異質の四人で編成した。グループ編成は教師が意図的に行う。単元の流し方は、原則として第一時に一斉授業で単元全体の課題をつかませ、第二時以降、教師はその時間の確認と、学習の流れの指示のみ一斉で行う。正味三分程度である。後は児童がグループ形態で、力に応じた速さで学習を進め、教師は時間がかかっている個人やグループにアドバイスを与えたり、間違った方向に傾いていないか見守ったり、本当に理解しているか確認したりする作業に徹する」（同）

授業の中心にいるのは、子どもたちである。学び合い、そして自ら学ぶ力をもった子どもたちがいた。犬山市の子どもたちは、文科省が放棄してしまった「自ら学ぶ力」を着実に身につけていったのだ。

少人数だからこそ実現できる授業でもある。それを指導していったのは犬山市の教員たちだ。彼らは、ただ知識を詰め込まれる子どもではなく、学び合い、自ら学ぶ子どもを育てていくという答えにたどりついた。学習指導要領のように押しつけられた指導方法ではなく、手探りでの試行錯誤のなかから、自らの力でみつけだした答えだった。

そのプロセスのなかで大きな力になったのが、「授業研究会」だった。どんな子どもを育てるかが犬山市の各学校で模索されていた二〇〇一年の秋、授業改善を任されていた杉江は「学校を横につなぐ研究会が欲しい」と考えた。個々の学校で続けられている努力をまとめて、もっと大きな成果につなげたいと考えたからだ。そこでつくられたのが、各学校で授業改善を中心になってすすめている教員を集めて開く授業研究会だった。

授業研究会は月に一度、学校での授業が終了した午後四時から六時までの時間帯で、定期的に行われるようになった。午後四時といえば教員にとっては勤務時間内であり、その時間に外出することは普通なら簡単なことではない。そこで杉江は市教委と相談して、研究会への参加は「公務」とすることにした。こうした環境づくりにまで配慮したからこそ、教員も熱くなれる。ただ命令するだけでは、人は動かない。

ここで熱い議論が展開され、その内容は各学校に持ち帰られて実践と議論が重ねられ、それが再び研究会にフィードバックされて、内容が充実していった。そして、先ほど例にあげたような少人数授業による学び合いに結実していったのだ。しだいに研究会は、若手教員を勉強させる場にもなっていく。犬山市では子どもたちだけでなく、教員たちのあいだにも学び合いが広まっていった。

全国学力テスト実施と教育基本法改正

そんななかの二〇〇六年一月、文科省は翌年から小学校と中学校を対象にした「全国的な学力調査（全国学力・学習状況調査）」、いわゆる「全国学力テスト」を実施する方針を明らかにする。「調査」という名称になっているが、その結果によって競争心を煽り、テストでの点数を上げさせる方向に学校を駆り立てることになるのは、実施方針の決定前からさかんに指摘されていた。実際、全国学力テストは「競争のための競争」に拍車をかけることになってしまっている。

その全国学力テストが浮上してきた年、二〇〇六年の十二月十五日には教育基本法の改正が臨時国会で成立し、十二月二二日に公布・施行された。

教育基本法は教育の憲法ともいえる存在であり、その改正に躍起になって取り組んだのが第一次安倍晋三政権だった。ただし、反対の動きは鈍かった、不思議なくらい鈍すぎたとしかいいようがない。二〇一五年の安全保障関連法案（安保法案）では、何万人もの人々が国会周辺で抗議行動をくりかえしたが、教育基本法改正では、そういう事態にもならなかった。直接に影響のある子どもたちも保護者も、無関心に近かったようだ。学校現場からの反対も、皆無に近かった。まるでよそ事のように、多くの人が教育基本法の改正を見過ごしたとしかおもえない。

その改正について、犬山市教育長だった瀬見井は、強い不満と怒りを感じていた。

「改正前の教育基本法には、教育の目的として『人格の完成をめざす』と明記してあった。人格とは、一言でいうなら、子どもが自主的な行動ができるということなんです。まさに、自ら学ぶことです。その考え方を、改正で変えてしまった。

あの状況はおかしいんだ。日本が、どっか、おかしい。教育の本質が、まったくわかっていない」

教育基本法の第一章第一条は「教育の目的」という項目になっているが、改正前のそこには次のように書かれてある。

「教育は、人格の完成をめざし、平和的な国家及び社会の形成者として、真理と正義を愛し、個人の価値をたつとび、勤労と責任を重んじ、自主的精神に充ちた心身ともに健康な国民の育成を期して行われなければならない」

これが改正によって、大きく意味が違うものになってしまう。微妙な表現なのだが、その違いを注意深くみていただきたい。改正では次のようになっている。

「教育は、人格の完成を目指し、平和で民主的な国家及び社会の形成者として必要な資質を備えた心身ともに健康な国民の育成を期して行われなければならない」

改正後も「人格の完成を目指し」という言葉は引き継がれているものの、改正前にあった「個人の価値をたつとび」の一文が完全に削られ、いくつかの文言を削除することで「国家及び社会の形成者として」が強調されている。改正前は「個人」に重きがあったのに対して、改正後は「国家及び社会」に重きが移っているのだ。そのため、「人格の完成」も「子どもの自主性」ではなく、「国家及び社会に役立つ」ためのものという意味に変質してしまっている。それは前文に、改正前にはなかった「公共の精神を尊び」との一文が加えられているところにも、はっきり見てとれる。

改正された教育基本法では「子どもの自主性」、つまり「自ら学ぶ力」のようなものは無視されているわけだ。文科省が「自ら学ぶ力」を放棄する方向へ舵をきったことと、無関係ではないはずである。

そして、教育基本法の改正と時を同じくして全国学力テストが導入されたことも、これまた、無関係ではないだろう。全国学力テストは、子どもたちの人格の完成を目指し、自ら学ぶ力を養うことにはつながらない。犬山市が目指し実現しつつあった教育とは、相容れない存在でしかなかったといえる。

前代未聞の決断

だから、犬山市教委は全国学力テスト実施の方針が明らかにされた翌月、二〇〇六年二月に不参加を表明した。全国学力テストへの不参加を決めたのは、最終的に公立では唯一、犬山市の小中学校だけである。国が決めたことを地方が拒否したのだから、地元新聞は〝反旗〟と書き立てた。

「全国学力テストに反対したわけではなくて、犬山市では実施する必要なはい、といったまでです」

犬山市教育委員会の教育長だった瀬見井はそういった。わざわざ国に逆らったわけではない、しかし、必要でないものはやることはない、というスタンスである。

「文科省は学力向上を全国学力テスト実施の理由にしていたけど、そんなものに参加しなくても、犬山は学力向上に取り組んで成果をだしていたからね。それも、〝ほんとうの学力〟の向上で成果をだしていたんだから。

全国学力テストで競争を煽って点数を上げさせようというのが文科省の本音だよね。競争で、ほんとうの学力である自ら学ぶ力や人格の形成ができるわけがない。そんな競争原理を全国学力テストで導入されるのに、私は大反対だった」

当然ながら、文科省は慌てた。文科省が決めたことには全国の教育委員会は文句をいわずに従う、それが文科省がつくってきた常識だったからである。実際、それは金科玉条のように守られてきた。まさか地方から反乱が起きるなど、文科省も想像だにしていなかったはずである。

犬山市教委が不参加を表明した翌月、文科省は初等中等教育局教育課程課課長を犬山市に送り込んできた。もちろん、参加拒否の犬山市の姿勢を変えさせるためである。文科省の課長自らが乗り込んでくるのだから、それだけでも文科省の怒りがわかろうというもので、地方の教育委員会にしてみればたいへんな事態である。それだけで畏れいってしまって、自分の主張など簡単に取り下げてしまっても不思議ではない。それが役人の世界であり、それを文科省も期待していたにちがいない。いや、確信していたと言っていいかもしれない。

ところが、これに犬山市教委は正面から対抗した。文科省課長と現場の教員たちと対話させる場をつくり、犬山市での教育の実態について、つまり自分たちのやっていることの正当性を教員に説明させたのだ。さらに、学校現場に課長を案内し、授業風景を見学させてもいる。

「子どもたちはいきいきと学んでいる。それなのに、わざわざ競争させる必要などない。犬山の教育は犬山に任せてくれ、そう言ったわけです。それで文科省も納得してくれたとおもうよ、二度と来なかったからね」

とは、瀬見井の説明である。しかし、文科省が納得したわけではなかった。教育基本法を改正して教育の目的を「人格の完成」から「国家及び社会の形成者をつくる」ことにしてしまった安倍政権も、許容したわけではなかった。愛知県の自民党を中心とする勢力から犬山市教委への批判が相次ぐこととなり、その急先鋒役を務めたのが当時、犬山市出身の県議会議員だった田中志典である。その対応を引き受けていたのが、市教委指導課長だった滝誠だった。

「血相を変えて市教委の事務局までやってきて、なんで（全国学力テストを）やらんのですか、とやられました」

参加することの意味を諭されたり、参加しなければならない理由らしきものを示されたわけでもなかったという。ただ怒鳴りつけるだけ、上から目線の〝恫喝〟でしかなかった。これには滝も困ってしまい、「私が決めたわけではないので……」と答えるしかなかった。

その滝は、全国学力テストへの不参加を市教委として正式に決めることを先送りにしていた。教育委員会が不参加を決めたら従うという従来の「上意下達」の空気が校長たちのあいだに漂っているのを感じて、「それは学校の自立を目指している犬山市の方針とは違う」と考えていたからだ。

「校長たちが議論する場をつくりました。教育委員会は不参加に賛成しているけれど、校長たちが参加の声をあげればひっくり返すこともできる、だから意見を述べてください、と私は訴えました。そんなことを、一年近くもつづけました」

滝は不参加の方針をひっくり返したかったわけではない。校長たちに自らの意思で、参加か不参加の表明をしてほしかったのだ。校長たちは議論を重ね、そして、不参加を決めた。校長たちも、競争で煽られて点数をとるだけの学力を身につけた子どもたちではなく、学ぶことの楽しさを知って自ら学び、それをとおして人格を形成していく子どもたちを育てたいと考えたのだ。それを踏まえて犬山市教委は二〇〇六年十二月、正式に全国学力テストへの不参加を決める。

犬山教育改革の終わり

その不参加決定を決める直前の十月三十日、犬山市の教育改革に重大な影響をおよぼす事態が起きた。瀬見井を教育長に指名し、教育改革の火付け役だった石田芳弘市長が、突然、辞表を提出したのだ。理由は、県知事選に出馬するためだった。

「正直に言えば、政治家として、もっと上を目指したかったからです」

石田はいった。全国学力テストの第一回実施を目前にして、教育改革の後ろ盾だった石田が去ることは痛手だった。石田の後任を選ぶ市長選が行われたのは十二月十七日で、当選したのは、全国学力テストへの不参加にかんして市教委事務局に怒鳴り込んでくるほどの敵意を剥き出しにしていた、あの田中だった。当選した田中は市長室に滝を呼びつけた。

「なんで全国学力テストに参加せんのか、と怒鳴られましたね」

と、滝は苦笑した。それでも、教育委員会が市長に従う必要はないので、市教委は正式に決めた不参加の方針を貫く。一方の田中も、簡単には引き下がらない。

「犬山の教育改革の経緯を記した本を教育委員会として出版していたのですが、その予算などについて監査請求までやられました。なんでもかんでも攻撃の材料にされたわけです」

滝は当時を思いだし、うんざりした表情で語った。当然、教育長である瀬見井への風当たりは、熾烈をきわめた。二〇〇八年一月には、瀬見井が田中市長から辞任勧告をうけるまでにエスカレートしていく。

「会合に出席しなかったとか、そういう細かいことが理由でした。全国学力テストへの不参加は教育委員会が判断することだから、それを理由に市長が教育長に文句をいうわけにはいかない」

瀬見井も、当時を振り返りながら苦笑いを浮かべた。それでも瀬見井は、教育長を辞めなかった。二〇一五年四月から施行された改正地方教育行政法で教育員会制度も見直され、首長が教育について強い発言権をもち、教育長の任命・罷免までできるようになった。しかし当時は、まだ教育長は首長から独立した立場を保つことが可能だったのだ。

その犬山市教委が、ついに二〇〇九年の全国学力テストに参加することを決める。自らの意のままにならない教育委員会に業を煮やした田中が、二〇〇八年に教育委員を増員する条例案を臨時市議会に提出し、可決される。それによって田中は、全国学力テスト参加派を教育委員として送り込み、教育委員会の流れを不参加から参加にひっくり返すことに成功するのだ。瀬見井をはじめ市教委の事務局は、あくまで不参加を貫く方針だったが、教育委員会が参加に賛成となれば、それに従わざるをえない。犬山市が全国学力テストに参加した二〇〇九年十月、瀬見井は辞任を表明する。瀬見井が説明する。

「圧力に負けたわけじゃない。全国学力テストが悉皆方式から抽出方式になるので、それなら競争が導入されることにはならない。私が教育長でがんばっている必要もない、と判断したんだ」

二〇〇九年七月に衆議院が解散され、九月に行われた総選挙で「政権交代」の世論が高まるなかで民主党が勝利し、民主党政権が誕生した。それによって全国学力テストは、全員参加の悉皆方式から、サンプル調査の抽出方式に変更になった。文科省は全国学力テストの目的を学習状況の調査と公言しており、それなら悉皆でなくても抽出でいいはずだ、との意見は開始前からあった。全員参加にして順位付けするようになると、競争を煽ることになるからだ。

それでも文科省は、そんな意見に耳を貸そうとはせず、競争を煽るのが目的ではないと口では言いながら、悉皆方式にこだわった。安倍政権が、そこにこだわったからでもある。

それが抽出方式に変更されれば、犬山市が不参加の最大の理由にしていた「競争導入」にはつながらないのだから、意固地に不参加にこだわることもないというわけだ。ただし、文科省は悉皆方式を完全に捨てたわけではない。抽出方式で、その対象に漏れても、希望すれば参加できるという抜け道を考えだした。それでかなりの学校が参加し、悉皆方式と変わらない状態となった。そこには、文科省の学校に対する〝見えない縛り〟が働いたことは安易に想像できる。

不思議なことは、全国学力テストが悉皆方式から抽出方式に変更になったことに、当時のマスコミはほとんど関心を示していないことだ。文科省としては注目されたくなかっただろうが、それにマスコミも流されてしまうというのは、なぜなのだろうか。

そして再び自民党が政権に戻ると、待ってましたとばかり文科省は抽出方式を取り止めて、悉皆方式に戻してしまう。それについてもマスコミは、まったくの知らん顔である。

悉皆方式に戻っても、犬山市の全国学力テスト参加の方針は変わらなかった。「どういう子どもを育てたいのか」という問いへの答の延長としてでてきた全国学力テスト不参加は、その精神とともに姿を消したままだ。教員自らが学び、若手教員に伝えていく場だった授業研究会も姿を消した。

「いい授業をつくりたいと、いまでも教員はおもっています。学び合いの授業も続いていますが、当初の本質のようなものがみえなくなっていることは事実です」

二〇一五年の取材当時に市教委の主幹兼指導室長だった勝村偉公朗は、そう認めた。瀬見井が取り組んだ教育改革から生まれた教育のスローガンは、いまでも犬山市に残ってはいるが、その本質は確実に風化しつつある。犬山市も日本全国の学校と同様に、教育の目的から「人格の形成」を消しつつあるのではないだろうか。

犬山市の教員、そして全国の学校の教員は、「どんな子どもに育てるつもりですか」という問いを、改めて自らに投げかけてみる必要があるのではないだろうか。

第2章

「総合的な学習の時間」をめぐって

——長野小学校に受け継がれる意志

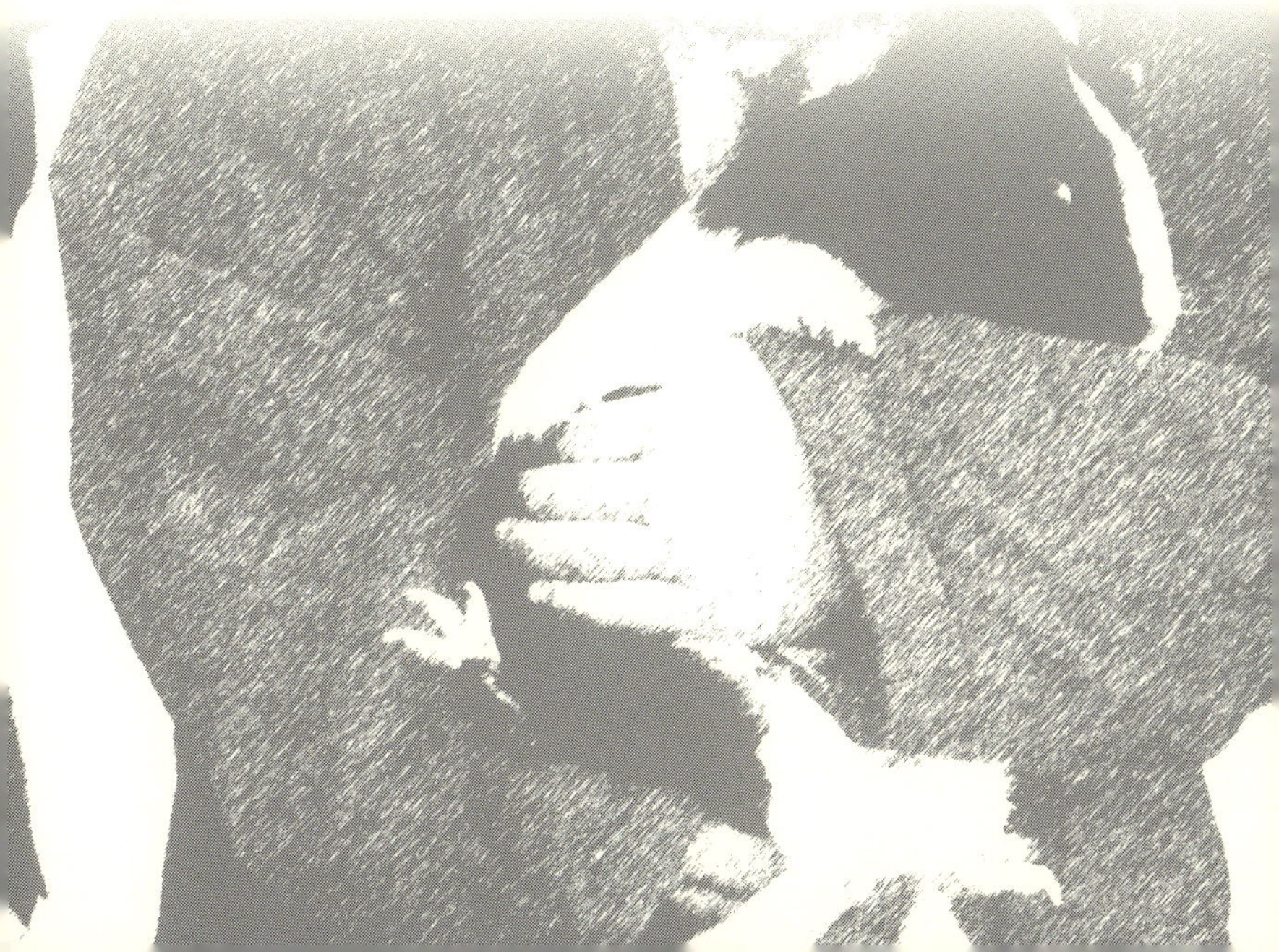

ある新しい試み

その文章は、次の一文からはじまっている。

「教育は行きづまっている」

そして現状について、こう続けている。

「教科目も授業時間も法によって規制され、教材の選択も分量も排列も国定教科書によって決定されている。教育はその内容も形式もすでに規定されている。だから、研究といえば、所定の教科は所定の時間にどれだけの教材を教授すべきか、それは如何にして可能であるかの範囲のほかゆるされていない」

文部科学省の定める学習指導要領は最低限とされながら、実際は「絶対的なもの」という地位は現在もゆらいではいない。毎年四月には翌年三月までの授業スケジュールがきっちりと組まれ、同学年では違うクラスであっても、同じ科目だと同じ時限に、違う教員が同じことをしゃべっている。廊下に立って各教室を観察してみれば、奇妙とも、滑稽ともおもえる光景が普通になってしまっている。

それは、教科目が国に一元的に決められていることに原因がある。そこに問題があるとして文章は、「社会とか国家とかいう立場から、それはだいじなことであり、それがなくては教育のことももとより発動しなかったであろうけれども、そのだいじなものが、成人のある立場からしての考えで、ひたすら国民教育の名により、うちつけに児童に要求するに過重なものをもってしているかのようである。そとから教育を注入しようとでもしているかのようである。かくて教育は行きづまっている」と指摘している。

この文章の言っていることに、肯く教員は少なくないとおもう。それでも、「仕方ない」と考えている教員が大多数なのかもしれない。

実は、この文章が書かれたのは現代ではない。元号でいえば、平成でも昭和でもない。大正の時代に書かれたものなのだ。にもかかわらず、いま読んでみても、その現状認識、問題意識に共通するところをみいだしてしまうのは、なぜなのだろうか。

文章は、そうした状況を「打開されて然るべきだ」と続ける。その方策として、次のように述べている。

「児童の教育は、児童にたちかえり児童によって児童のうちに建設されなくてはならない。そとからではない、うちからである。児童のうちから構成されるべきものである。（略）児童をはなれた立場からとったみちは、すでに、行きづまった。それを打開すべきみちを児童のうちにもとめようと考えたのである」

これは机上の空論を述べたものではない。実践の記録なのだ。

一九一七（大正六）年四月、長野県師範学校附属小学校で「研究学級」と名付けられたクラスがスタートした。その前年ごろから同校の教員たちは、「学年の研究も学科の研究もずいぶんやったが、同一学年に同一学科を教えることを続けていても仕方ないのではないか」といった話し合いをはじめる。そして、「もっと根本なところまで考えた教育をやろう」となった。それで始めたのが、研究学級だったのだ。

彼らは、それを国や県、学校に頼ってやろうとしたわけではなかった。国や県に逆らうつもりは彼らには毛頭なかったが、まったく新しいことに国や県が積極姿勢を示さないこと、それ以上に保護者が理解を示さないことを、彼らはよく知っていたからだ。そこで、自分たちの力で研究学級をスタートさせることにした。

そして、自分たちの子どもを生徒とし、自分たちの給料を割いて、研究学級を担当する教員の給料と運営費を捻出しようとしたのだ。附属小学校は教育研究を使命としており、研究学級はそのための実験ということで、校長と県の了解を得ることに成功する。彼らの熱意と覚悟に、校長も県も動かされたにちがいない。

さらに県側は、積極的に支援するわけではないが、研究学級創設のための教員の増員といった予算増を暗黙のうちに認めたため、教員たちは自腹を割く必要はなくなった。これには、国に押しつけられた教育方針に粛々と従うだけの姿勢をよしとしなかった当時の長野県教育界の雰囲気も、影響していたにちがいない。

最新の心理学に基づく教育理論

そして研究学級はスタートするのだが、最初の担任となったのが、教員歴二年の田中嘉忠である。翌年に研究学級は二クラスになるが、そのときから研究学級の担任となったのが、淀川茂重だった。彼こそが、冒頭で紹介した文章の筆者である。

この研究学級は、最初のクラスの生徒が卒業するまで外部からの参観を拒否していた。初めての試みで語るべき実績がないことと、無用の横槍をいれられたくないという考えあってのことだとおもわれる。

最初の研究学級の生徒たちが卒業していった一九二三（大正一二）年になって長野県師範学校附属小学校では、研究学級の存在を外部に発信するようになった。研究学級は多くの教員、教育関係者から注目を集め、その実際を知りたいとの声も強くなる。それに応えるために一九二五（大正一四）年に、淀川がまとめて長野県下の学校に配った「研究学級の経過」という小冊子がつくられた。冒頭の文章は、その小冊子の最初に「その一」として収録され、その後に小冊子が『途上』と題して復刻されたさいに「創業当時の抱負」とタイトルがつけられたものだ。淀川の想いだけでなく、当時、中心的役割を担った人たちの意見も組み入れて書かれた文章は、研究学級をつくった教員たちの想いそのものなのだ。

研究学級の創設、その後の指導に大きな役割をはたしたのが、杉崎瑢である。

神奈川県に生まれた杉崎は、小学校時代から信仰生活にはいり、尋常小学校四年生のときに洗礼をうけている。一八九六（明治二九）年に鎌倉師範に入学し、一九〇〇（明治三三）年に卒業してから三年間、小学校の教員を務めた。そして一九〇三（明治三六）年に東京高等師範学校に入学するが、ここで、アメリカで実験心理学を学んで帰国したばかりの松本亦太郎の講義に感銘をうけ、心理学に興味をもちはじめる。その松本の講義のなかで、カリフォルニア大学が実験心理学において進歩した施設をもっていると聞かされ、渡米を決意する。

杉崎が渡米するのは一九〇八（明治四一）年のことで、サンフランシスコで日本語教員となって働いた。その一方で高校に入学して英語の力を養うが、無理がたたって三年間の闘病生活を余儀なくされることになる。健康が回復すると待望のカリフォルニア大学に入学して心理学を専攻し、一九一四（大正三）年に卒業して帰国する。

この帰国のときに、モンテソリー、ジョン・デューイ、キルク・パトリックといった教育学者の著書を多く持ち帰った。帰国すれば教育に携わることになると考え、教育学の教授などに尋ねて教えられたものだったという。

帰国した杉崎は一九一六（大正五）年に静岡県師範学校教諭になるが、わずか一年で長野県師範学校に移る。静岡は条件がよすぎて人間が甘くなる、修練をするなら信州のようなところがよい、と友人に移る理由を語ったともいわれる。

杉崎が長野師範に移った大正六年は、まさに長野師範附属小学校の教員たちが「教育は行きづまっている」として研究学級をはじめた年にあたる。実は、転任前から同校の教員たちは杉崎と交流しており、研究学級にいたる課程でも相談し、指導をうけていたらしい。杉崎が長野師範を選んだのも、教育の打開を真剣に考える附属小学校の教員たちといっしょになって「修練」したいと考えたからだとおもわれる。実際、一九一八（大正七）年には、付属小の主事となって研究学級を運営する中心になっていく。

当時の付属小では、教員が始業の一時間前に登校し、杉崎がアメリカから持ち帰った教育書の原書を勉強した。指導にあたったのはもちろん、杉崎である。ここから得られる教育理論に杉崎の心理学がとりいれられ、研究学級の授業は試行錯誤のなかでつくられていったのだ。

教室を飛び出た研究学級

この研究学級における活動について、一九二六（大正一五）年に杉崎が書き残している。研究学級が始まったときに一年生だった子どもたちは卒業し、代が重ねられているときだ。まずは、一年生と二年生の様子である。

「部屋には机がない、普通の二人掛の机でやってみようという考えもなければ、此処を学校という風なものにしようという考えもなかったのである。只ゴザを敷いて置いただけである。私たちは教室を必ずしも教育の場所とは考えない」

当時もいまも、授業は教室で行うものとする傾向が強い。江戸時代に「読み書き算盤」を教えた寺小屋も、机を並べ、その前に子どもたちを座らせて授業するやり方だった。そのころから頭に刷り込まれているためか、そのスタイルでなければ授業と認めない人たちも少なくない。だから、机やイスのない教室そのものが奇異な存在だった。そうした環境で、研究学級での学習はどう展開されるのか。

「愈々《いよいよ》子供が学校へ来ると、今日は此処の山、明日は彼処の山と、ぶらぶら連れて行ったのである」

ただ、毎日毎日あちこち連れ歩いていると、子どもが嫌がるようになったという。そのうち、「今度からもう行かないようにしようではないか」と子どもらで決めて、ボイコットしてしまった。小学校一年生や二年生であっても、一方的にあちこち引きずりまわされるのには辟易するのだ。

こうなると、「行くって決まっているんだから、来なさい」と、いまの学校ならやるところだろう。当時でも普通の学校なら、教員たちはそういって怒鳴り、無理やり子どもたちを連れて行ったはずである。しかし、研究学級では違った。

「この後は場所の選定を子供にやらせることにした。子供たちの選んだところは教師が考えていたような処ではなかった。教育を施すような処ではない平凡な処だった。しかしそれが真の子供の天地だったのである」

山を連れ歩くのは、いろいろ学ぶ材料があって、「教育を施す場」にふさわしいと、大人は考えがちである。ただし、そんなところを子どもが喜ぶかといえば、そんなことはない。子どもは、大人が考えているようには行動しないし、学ばない。「子供の天地」は子ども自身が選んだところにある。主体は子どもにあるのだ。その「天地」で、子どもたちは何をやるのだろうか。杉崎が続けている。

「子供は毎日此処に来て飛び廻り、はねまわり、毎日その堀を飛び越して遊んでいた。今日は昨日より広い所を飛び越そうと努め、明日は更に又と、だんだん広い所を渡ろうと力めている。その結果、体育が非常に進んだ。始めはころころころんでいたのが、しばらくの間に非常に丈夫にどっしりとなって来た」

いまの保護者なら、こんなことをやっていたら怒りだすところだ。「そんなことでは進学に差し支える」と、血相を変えて学校に怒鳴り込んでくるにちがいない。そういう保護者にこそ、杉崎が続けて書いている次のことを噛みしめてもらいたい。

「ここで私たちは考えなければならぬ。学校は子供の発達を阻害してまでも教育をやらねばならぬものであるか、と」

ここで杉崎のいう「教育」とは、いわゆる「勉強」のことである。足し算や引き算を教え、漢字を教えるといった、机の上でやらせる学科の勉強のことである。それよりも、なぜ研究学級では外での活動を重視したのか。杉崎は続けている。

「子供の身体や生命に大した害のない限りは成るだけしくじりをやらせる。多くの経験を持たせるということは尊いことであるから」

しくじりから学ぶことのほうが多いし、そういう経験のほうが学科の勉強よりも尊いという考えである。杉崎は、次のようにも説明している
「信州では気候の関係上、四、五月になると子供の精神は外に向いてしまい、冬になると内に向かって来る。入学当初の四、五月頃に教師が学科の方を如何にあせっても徒労に帰するのである」

現在の学習指導要領は全国均一である。北海道でも沖縄でも、学習指導要領に決められた同じことを、いまの小学校では教えている。自然や環境など、まったく無視して学校の授業はすすめられていく。もちろん、子どもたちの考えや意思など、まったくといっていいほど無視されている。

では、先述した研究学級の「ゴザを敷いて置いただけ」の教室は、どういう役割をはたしているのだろうか。まったく無用の存在でしかないのだろうか。杉崎は次のように記している。

「お天気のよい時は郊外を本体とし、教室は野外から帰った時の休み場所であり、寝転び場所であった。ただ雨や雪の日は内に居て、絵を描くとか、お噺をきくとか、そんな仕事をしていたのである」

教室は休む場として大きな役割を担っていた。

「発達を措いて教育はない」

ここまでみてきて、「ただ遊ばせているだけか」との感想をもたれるかもしれない。「遊んでいるだけだから、子どもは学校が楽しくなるだろうよ」とおもわれたかもしれない。「楽しいだけでは学校ではない。勉強は辛い面もある」との批判もあるかもしれない。

もちろん研究学級は、ただ子どもたちに時間つぶしの遊びをさせていたわけではない。意味のある遊びなのだ。

「一、二、三年は殆ど郊外で生活させ、博物等に堪能な専門家を頼んで指導して貰うことにした。それに依って郊外生活の天地が特に生きて来たのである」

大人の目からすれば「ただの遊び」にしかみえないことでも、子どもにとっては「大きな学び」につながっていることは多い。文中の「尋常」は「尋常小学校」のことで、研究学級が始まった大正期の学制では修了年限は六年で、在学年齢も現在の小学校と同じである。

「尋常六年生のやっている実験を尋常二年の子供に参観させた。――世間には教師の参観というものはあるが、子供の参観というものはあまりやらないようであるが、実はこれは非常に有益なものである。――ところが二年の子供がよく分かったと言っていた。子供を善光寺に連れて行くと、よく池に竹を入れていたずらしていた。その時、『竹が居る』と言っていた。それで光の屈折の原理もよく解ったことと思う」

本来、遊びは単なる遊びではない。遊びと生活、そして学科はつながっているものである。それを別のもののようにあつかうのは、大人の誤解であり大きな間違いでしかない。

ただし、そのように遊びから発展するものを見逃さず子どもたちの発達にとりいれていくには、教員の力が必要になる。冒頭で引用した「創設当時の抱負」にある「児童の教育は、児童にたちかえり児童によって児童のうちに建設されなくてはならない」とは、まさに遊びなどをつうじて子どもたちの内からみえてくる教育の芽を見逃さず、育てていくとの意味である。いまの学習指導要領にばかり頼った教育は、理想とする「平均的な子ども」ばかりを優先し、目の前にいる子どもたちを無視しすぎていないだろうか。

博物等に堪能な専門家を頼むのも、上級生の実験を参観させるのも、教員の判断である。ただスケジュール的に組むのではない。いまの子どもたちの発達にあわせて、そこに必要なものを選び投じるのだ。それによって、子どもたちは遊びから多くを学び発達していく。

当然ながら、教員たちの努力はただならないものとなる。学習指導要領に沿ってやるだけなら予定もたてやすく、その内容も想像のおよぶところでしかない。しかし研究学級のようなところでは、子どもたちの興味はどこに飛んでいくかわからないし、その機会もどこにあるのか想像できない。それらを見逃さず、子どもたちの成長、発達につなげていけるかどうか、教員の力量にかかっている。そのための研究学級の教員たちの苦悩はたいへんなものだったようだ。杉崎は次のように書き残している。

「始めに於いては、教師が不安に駆られる事も一通りでは無かった。暗中模索、一学期は泣かん計りである。児童の現状と、是から先どうなるかを見る明がない、すると、ややもすれば従来踏み来った恐ろしい習慣の惰性に陥って仕舞う。此の誘惑に抵抗して、児童より新しく学ぼうとすれば、一つの創造的事業であるから、一年生一学期の仕事だけでも不安をきわめた難事業である」

杉崎は、研究学級のめざすところ、教育のめざすところを次のように述べている。大正時代のものであるが、その指摘するところは、現代になっても、すこしも色あせない。

「親の純真な悦びは児童の発達である。発達を措いて教育はない。児童が心ゆく発達をした時に、教師も親も悦ぶに相違ない」

杉崎は一九二五（大正一四）年四月に長野師範で教頭となるが、そのころには、ある大学から教授に迎えたいとの話もあった。学者としては出世の道が開かれていたのだ。しかし、それを彼は拒否した。大学教授になることは信州を離れることを意味し、自分が育ててきた附属小学校の研究学級から遠のくことを意味したからである。

さらに教頭にとどまることも、いずれは、どこかの学校の校長として転任しなければならず、それも研究学級から遠のくことを意味した。そこで、教頭に就任した翌月に、彼は自ら願い出て教授嘱託となり、いつまでも長野師範にとどまる道を選んだ。それほど彼は、研究学級の可能性に期待していた。

引き継がれる意志

戦中の軍国主義的な教育、戦後の学習指導要領を頂点とする中央集権的教育と、研究学級が目指したものとは違う動きが大きくなっていったなかで、日本の教育界は揺れてきた。それでも、杉崎たちの意志は消えてしまったわけではない。現在も、その意志は信州に息づいている。信州大学教育学部付属長野小学校は、長野師範付属小を前身としている。そして、研究学級の実践を、いまも引き継いでいる学校でもある。その長野小をわたしが訪ねたのは、二〇一五年のある日だった。

長野電鉄長野線の線路沿いにある長野小には、線路側の校庭に「自然体験園」と呼ばれる場所がある。岩を積み上げて、その間からは水が流れるようになっている。小さな池のようなものもある。人工の自然園だ。

そこを外からのぞくと、いくつもの小屋が並んでいるのが目にはいる。並んでいるといっても、整然と並んでいるわけではなく、ばらばらと点在していると表現したほうが正しい。しかも、どれも本職の大工がつくったものではない、一目で素人の手によるものだとわかる。よく見れば、そのなかにヤギなどの動物が飼われているようだった。

他の学校でも動物の飼育小屋はあるものだが、たいていが校庭の隅のほうにおかれている。その位置だけで、子どもたちの学校生活における動物を飼うことの意味が、どのていどに考えられているかが知れてくる。

ところが長野小の小屋たちは、自然体験園のなかでも、かなりのスペースを我が物としている。道路から学校を見みれば、その小屋ばかりが目立つほどだ。モダンな校舎とは不釣り合いなくらいに不器用さが目立つ小屋たちが、圧倒的な存在感を放っている。

その日の放課後、わたしは二年二組の担任である宮島新と向かい合っていた。宮島は、いかにもうれしそうな目をしてわたしにいった。

「あれを、どうやってテコの学習につなげるか、これから考えようとおもっています」

文科省の定めている学習指導要領では、小学校でのテコの学習は六年生でやることになっている。それに従うなら、宮島が担任する二年生では「やってはいけないこと」に分類されるはずだ。にもかかわらず彼は、どうやって二年生の授業でとりあげようか真剣に考えている。学校の授業の先の先をやる学習塾もあり、それを英才教育と考えているところも少なくはない。しかし長野小は、そういった学習塾ではないし、付属小だからといって、学習塾みたいな英才教育をやっているような学校でもない。

宮島がテコの学習を考えたのは、この日の授業がきっかけになっていた。その授業を、わたしも参観させてもらっている。参観というか、参加といったほうが正しいかもしれない。

好き勝手に行動する子どもたち

その授業は、「コロの墓参り」だった。コロは二年二組が新学期の四月から飼っていた子ヤギだったが、飼いはじめてわずか一〇日ほどで死んでしまった。囲いの隙間に自分で頭をつっこんでしまい抜けなくなってしまったのか、首を折ってしまったのだ。誰かがみていれば助けられたのかもしれないが、不幸にも誰もいないときの事故だった。

自然体験園が二年二組と接する場所には、大きな小屋がある。コロを飼うために子どもたちが自分たちの手でつくったものなのだが、その完成をみずにコロは亡くなってしまった。

「それでもね、『コロのためにつくりはじめたんだから、最後までつくろう』ということで意見がまとまって、それで最後までつくったんですよ」

そう説明する宮島の目には光るものがあるし、声も震えていた。それでも、「そこで暮らすはずのコロがいなくなって、いまでは子どもたちの遊び場になっているんですけどね」といって宮島は笑った。小屋では、子どもたちが小屋の中につくった高い場所にのぼったり、板でつくった坂を駆け下りたりしながら遊んでいた。

その翌日、子どもたちはコロをもらった農家に出かける予定だった。コロの代わりをもらえるのかどうか、子どもたちは知らない。それを期待していたかもしれないが、コロの親、兄弟、仲間たちに会いたいと子どもたちからの発案があっての訪問だった。

それを前に、子どもたちからの意見で、「コロの墓参りをしよう」となったらしい。コロが死んで、その墓を子どもたちは自然体験園の隅につくった。墓参りは、すぐに行ける距離である。それでもコロが生まれたところに行くとなれば、子どもたちは特別な気持ちになったのかもしれない。それで、「墓参りの授業」になったのだ。

「お墓に行って、何をしましょう?」

墓に出かける前の教室で、宮島が子どもたちに問いかける。すると子どもたちは次々に手をあげ、自分の考えを述べていく。

「掃除をしたい」

「行ってくるよ、って伝える」

「行ってくるよ、って石に書いてお墓におく」

いろいろな案だ。しかし宮島は、それを一つにまとめようとはしない。いろいろな案を子どもたちに発表させ、そのまま、墓参りへの出発となった。

校庭内にある墓とはいえ、授業として行くとなれば、まずは教室から全員に列を整えさせて、並んで墓の前まで移動する光景を想像してしまう。そして、順番に墓の前で手を合わせる、といったぐあいに〝式〟は進行されるものだろうと思ってしまう。

しかし、目の前で展開された風景は、そんなものではなかった。「じゃ、行きますよ」という宮島の合図で、子どもたちはバラバラに教室を出て、そして墓に向かっていく。ほうきやちりとりを手にしている子はいるが、石にメッセージを書くという意見があったにもかかわらず、そのための道具を手にしている子はいない。出発前に気にしている子もいない。それについて宮島も特に何もいわない。「あれは持ちましたか、これは用意しましたか」とうるさい教員の姿を想像していたのだが、みごとに裏切られた。サインペンを手にしていたのは、宮島だった。

墓の前に着いた。わたしは、教員が子どもたちを行儀よく整列させ、そして教員にうながされた子どもたちが順番に墓に向かって手を合わせる姿を想像していた。そして、ペンをとりだした宮島が、子どもたちに石を拾わせて順番に書かせるのだろう。「石にメッセージを書くといったのに、誰もサインペンをもってこなかったね。誰がサインペンを持ってこなきゃ、いけなかったのかな」と小言のひとつもいうのかと期待していたのだ。それも、ない。

墓までくると、持ってきたほうきやちりとりで掃除をする子もいる。宮島からサインペンをうけとって、墓の近くに落ちている小さな石を見つけて、いっしょうけんめいメッセージを書きはじめる子もいる。わたしは気づかなかったが、じょうろを持ってきた子もいて、墓に水をそなえる子もいた。教室をでる前に、そんな役割分担など決めた様子はなかったのに、誰もが自然に動いている。それを他の子に強要する子どももいない。役割分担というよりも、それぞれが好きに行動しているといったほうがよさそうな光景だった。

好き勝手といえば、墓のことなどそっちのけで、ダンゴムシを集めるのにいっしょうけんめいになっている子どもたちもいた。自然体験園にある木に実がなったかどうか、しきりに気にしている子もいる。わたしを誘って、自然体験園に植わっているものを説明してくれる数人の子どもたちもいた。

まさに、自由そのものの光景である。そうしたなかに、放課後に宮島がわたしにいった「あれ」があった。

子どもが興味をもったときが学ぶチャンス

墓から少し離れたところに、ちょっと大きな石があったのだが、それを墓のそばまで運んでメッセージを書こうと、一人が石にとりついた。しかし、小学二年生が一人や二人でかかっても、ビクともしそうにない大きさである。たぶん、表面にでているより大きな部分が土の下にかくれているのかもしれない。さらに人数が加わるが、とても動かせそうにない。墓まで移動させるなど絶対に無理と、見ていればわかる。

「あれに気づいていましたか？」

放課後の教室で、宮島はわたしに訊いた。気づいてはいたので、「ええ」と答えたが、宮島の質問の意図がわからない。わたしにはダンゴムシを集めている子どもたちと同じく、ばらばらな子どもたちの行動の一つにしか映っていなかったのだ。

「そのうち、持っていったほうきの柄を石の下につっこんで動かそうとしていたんですよ。あれって、テコの原理を使おうとしていたことになるんです」

宮島がいった。ほうきの柄をつっこんでいたのは、わたしも気づいていた。「ほうきの柄の下に石をはさめば、楽に動くかもしれない」とも、わたしはおもっていた。とはいえ、それを子どもたちに教える行動力をもちあわせていなかった。二年生がテコの学習をしているかどうかも、まったく頭に浮かばなかった。

しかし宮島は、「どうやってテコの学習につなげようか」と考えはじめていたのだ。もちろん、ほうきの柄を使うのは子どもたちが自然にやっていた行為で、そのときに宮島が子どもたちに知恵をつけたわけでもない。テコの学習につながるかもしれないとおもったのなら、その場で教えてもよかったような気もする。いま考えてみれば、何の準備もなしに教えたところで中途半端すぎて、子どもらの知識として定着させることは難しかったはずだ。そこまで、宮島は考えていたにちがいない。

テコの知識がないはずの子どもたちが、石を動かそうとしていっしょうけんめいになっているうちに、自然にテコの原理を応用していた。そのことに、宮島は興奮しているらしかった。ただ、あのとき宮島は、石を動かそうとしている子どもたちを手伝っていたわけではない。ほかの子の相手をしていたように、わたしにはみえた。それでも、さりげなく他の子どもたちにも気を配り、観察しながら、学びのきっかけをつかんでいたことになる。

「子どもたちは自分の身体でテコの原理を体験したわけです。それをテコの原理を学ぶきっかけにすれば、必ず身になる知識になります」

宮島は楽しそうにくりかえした。その宮島をみていて、「テコの原理は二年生で習うのか」と漠然とおもっていた。そして、「テコの原理は小学校二年生でやることに学習指導要領で決まっているんですね」と訊ねるともなくきいた。すると、宮島が答えたものだ。

「いいえ。学習指導要領では、テコの原理は二年生ではなく六年生でやることになっています」

わたしは驚いた。六年生でやることを二年生にやらせようと考えているのか、そして、「学習指導要領に盛り込まれていない内容を、なぜわざわざやるのか」という驚きである。ほかの学校であれば、そんなことはやらないはずだ。

「二年生の学習指導要領にはないんですよね。それをやるんですか」と訊くと、わたしを不思議そうな顔でみながら、宮島はいった。

「小学校では学ぶことになっているんですから、それが二年生でも六年生でもいいじゃないですか。二年生か六年生かが問題ではなく、子どもが興味をもったときが学ぶチャンスなんです。もちろん、二年生にわかるような内容にしなければいけませんからね。それは私たちが考え、工夫すればいいことです」

イニシアティブは子どもに

コロの墓参りは、二年二組では「生活科」という科目の時間に行われた。この生活科こそが、長野師範付属小学校の研究学級の授業を踏襲しているものなのだ。

「私たちは子どもたちの暮らしを大事にしています」

と説明したのは、長野小の副校長を務めている畔上一康だった。信州大学教育学部の付属校としては小学校と中学校があり、校長は兼任になっている。そのため、副校長が実質的な校長の役割を担っている。

子どもたちの暮らしとは、友だちや大人との会話、食事、そして大人の目からすれば「遊び」としか映らないようなこともふくまれている。そうした暮らしのなかで子どもたちは様々なことを経験し、そのなかで生きていくために多くのことを学ばなければならない。学ばなければ暮らしていけない、つまり生きていけなくなるので、学びは真剣にならざるをえない。必死になっているのではなく、自然にそうなるものなのだ。

「暮らしのなかで学ぶことは、学ぶ訳があってのことなんです。だから、本能として真剣に向き合うことになる。そして、訳があって学んだことは身につきます。暮らしのなかで訳があって学んだ国語や算数の知識は、ほんとうに身につくんです。暮らしがあってこそ、国語や算数といった教科の知識も必要になってくるわけですからね」

何のために必要なのかがわからない知識は、すぐに忘れてしまう。一夜漬けの知識が頭からでていってしまうのが早いのは、そのいい例だ。せっかくの知識を暮らしのなかで役立てることもできない。そもそも、算数の時間だから算数の知識を学ぶといった学習しかしてきていなければ、暮らしのなかで知識を生かすという発想がないかもしれない。極端な話、知識はテストが終わってしまえば宝の持ち腐れになりかねない。「ちゃんと勉強して覚えなさい」と教員は子どもたちに説教しがちだが、「何のために」がわからないのでは覚える気にもならない。「覚えなさい」と怖い顔で声を荒げるよりも、「何のために」を教員自身が考えてみる必要があるのではないだろうか。

「訳があって学ぶには、当然ですが、イニシアティブは子どもになければいけません。知識が必要な場面を用意されても、それでは『訳』にはつながらない。

学校の先生というと、『無知なる者に知識を授ける』というイメージをもちがちな傾向にあります。それでは知識を詰め込んでいるだけで、知識を生かして豊かに成長していく子どもたちの手助けをしていることにはなりません」

畔上はいった。できることは、子どもたちがイニシアティブを発揮できるシーンを用意することである。長野小の自然体験園に小屋をつくってヤギなどを飼っているのも、そうした子どもたちがイニシアティブをとれるシーンのためである。二年二組で飼っていて死んでしまった子ヤギのコロも、子どもたちが学びの場面と知り合うためのきっかけとなる存在だった。

とはいえ、教員が一方的にヤギを子どもたちに押しつけるわけではない。二年二組でも、宮島が勝手にコロを連れてきて、「はい、飼いましょう」とやったわけではない。

生活科の時間に何をやるのか、そこから子どもたちに話し合わせる。時間をかけて、子どもたちが納得するまで意見をださせるのだ。それも暮らしであり、そのなかで子どもたちは自分の意見をもつこと、それを発表すること、他の子どもたちを説得すること、他の意見に耳を貸すこと、自分の意見を引っ込めて他の意見を尊重することなど、さまざまなことを学んでいく。

教員は、「ほら、意見をいいなさい」とか「友だちの意見も聞きなさい」などと押しつけがましいことは、いっさいいわない。あくまでイニシアティブは子どもたちにあずけ、それがうまく発揮できるようにサポートし、学びにつながっていくようにするだけである。もちろん、簡単ではない。だからこそ子どもたちは知識を身につけ、成長していくことができるのだ。畔上が続ける。

「よく、牛を飼えば、ヤギを飼えば、子どもたちは学んでいく、と受けとられてしまうんです。しかし、飼育をつうじて子どもたちが成長し、知識を得ることにつながっていくかどうかは、教師の在り方と密接に関係しているんです」

前述のコロの墓参りにしても、子どもたちがほうきをテコのように使ったからといって、それだけでテコの原理にまで発展はしない。ほうきを使った子どもたちが、自分たちから「これはテコの原理だから勉強しよう」なんていいだすことは絶対にないからだ。それがテコの学習のきっかけになるのは、気づいた教員がいたからだ。気づいたからといって、二年生の子どもに六年生の教科書をもってきて教えようとしても、これまた無理な話である。六年生で習うべきことを、二年生にもわかるように説明し、理解させる工夫が必要なのだ。それらは、生活と連動して、初めて生きた知識となる。

そんなことは、学習指導要領のどこを探しても書かれていない。教員一人ひとりが努力し、工夫していくしかないのだ。それがあってこそ、長野師範付属小の研究教室の精神が受け継がれるのである。

生活科は、二年生だけのものではない。一年生にも同じく生活科があり、二年二組と同じようなことが行われている。もちろん、やっている内容は違っているし、必ずテコの学習がでてくるわけではない。

「総合的な学習の時間」の実態

上の学年になるとこの生活科が、「総合的な学習の時間」と名称を変える。牛を飼ったり、羊を飼ったりもするが、実際に自分たちが乗れるような船をつくるクラスもあったりする。いろいろなテーマがあるのは、子どもたち自身が一から考えるからだ。「ヤギを飼う」といった同じテーマになることもあるが、それも単純に、たとえば多数決で決めたわけではなく、話し合いを重ねた結果である。そうした「過程」を大事にし学ばせるのは、教員の力である。

三年生以上になると生活科は総合的な学習の時間と名称を変えるわけだが、一九九八年の学習指導要領の改正で導入された、いわゆる「ゆとり教育」の「目玉」であると文科省が宣伝していた「総合的な学習の時間」と同じ名称である。

では、長野小の総合的な学習の時間も「ゆとり教育」の一環として導入されたかといえば、そんなことはない。長野小の総合的な学習の時間は生活科の延長であり、つまりは長野師範付属小の研究学級を受け継ぐものである。文科省が導入した総合的な学習の時間は、長野小の生活科や総合的な学習の時間をモデルのひとつにしたのものなのだ。これを導入するにあたって文科省は、総合的な学習の時間を次のように定義している。

「総合的な学習の時間は、変化の激しい社会に対応して、自ら課題を見付け、自ら学び、自ら考え、主体的に判断し、よりよく問題を解決する資質や能力を育てることなどをねらいとすることから、思考力・判断力・表現力等が求められる『知識基盤社会』の時代においてますます重要な役割を果たすものである」

そして導入された総合的な学習の時間だったのだが、結果を先にいえば、惨憺たるものだった。文科省の謳い文句とはかけはなれ、総合的な学習の時間を英語の時間に割り当てたり、数学や算数の補習授業にしてしまった学校は少なくない。

総合的な学習の時間が本格的に全国の小中学校で導入されたのは二〇〇二年度からだったが、当時、わたしはいくつかの小中学校でその実態を取材したことがある。そのとき、ある小学校の校長は苦笑いしながら、語ったものだ。

「正直にいうと、『どうやったらいいかわからない』と大半の先生がいっているのが実情です。それで先生たちが私のところにやってきて、『テーマだけでも決めてくれ』という。仕方なく、地域との交流とか福祉など、とりあえず、いくつかのテーマをだしました。それが近くの道路の清掃とか、老人ホームの訪問とかになっています。それが総合的な学習の時間の方針どおりなのかどうか、私自身も疑問なんですけどね」

他の学校でも、「何をやっていいのかわからないので、いろいろ外部の人を招いて話をしてもらっている」とか「工場見学とかが定番になっています」といった話ばかりだった。校長をはじめ教員たちも頭を抱え、手に余るとしか思っていない印象ばかりをうけた。そんな時間が子どもたちにとって有意義だとは、とてもおもえなかった。

「小学生に、特に低学年の子どもたちに、『自ら課題を見付け』という注文が、そもそも問題なんですよ。そんなことできるわけがない」

という意見も多くの教員から聞いた。「小学生に自ら課題をみつける能力はない」という認識を前提にした発言である。そんな教員にかぎってテーマを決めるときに、「さぁ、意見をだしてください」と子どもたちに下駄を預けてしまっているはずだ。「宿題にしますから、明日までに総合的な学習の時間のテーマを決めてきてください」と命令して、「自分の役割は終わった」と考えている教員も少なくないはずである。

その時点で、総合的な学習の時間の意味はなくなっている。少なくとも、長野小的な総合的な学習の時間なら、その意味は完全に消えてしまっている。

子どもたちが「課題を見付け」るためには、教員のサポートが必要なのだ。教員のもっている答えに誘導する、ということではない。子どもたちがイニシアティブをもちながら、自分たちで課題を見つけていくためのサポートでなければいけない。そのために教員は子どもを観察し、どう課題を決める話し合いを前にすすめられるか知恵をしぼり、工夫を重ねなければならない。長野小ではテーマを決めるだけに何ヶ月もかかってしまうことも珍しくないし、途中でテーマが変わってしまうこともある。

教員たちの戸惑い

問題は、総合的な学習の時間を指導できる力が教員にあるのか、ということである。「課題をみつける力が小学生にあるはずがない」と決めつける教員が、校長のところに「テーマを決めてくれ」と駆け込んでくるのだ。それで、文科省が総合的な学習の時間の方針とした「自ら学び、自ら考え、主体的に判断」できる子どもたちを育てられるのだろうか。

すでに「ゆとり教育」から文科省は大きく舵を切り、それでも「ゆとり教育」を推進しようとした自分たちの「誤り」を認めたくないからなのか、いまも総合的な学習の時間は学校に残っている。英語や数学の時間としても使われているが、さすがに全部を充てると総合的な学習の時間と名付けるわけにはいかないので、それらしいこともやってはいる。二〇一五年に、その実態を都内の小学校に勤める教員に訊ねてみた。返ってきた答は、次のようなものだった。

「いつからか総合的な学習の時間は、国際理解、福祉、環境をテーマにしようとなりました。どうしてそこに落ち着いたのかな？　わからない。改めて考えてみると不思議ですね。

最初は『教科書を使わない授業』といわれて、かなり戸惑ったことを覚えています。だから、あそこの学校でこういうことをやっていると聞くと、同じことをやったりしていました。そのうちさっきのようなテーマが決まってきて、いまではこの学年はこのテーマをやるといったぐあいに、いわばイベント化しています。逆に、決められたテーマと違うことをやろうとすると、管理職から注意されてしまうのが実態です」

もちろん、そうした決められたテーマではない、もっと違うことを試みている教員もいる。何人かに話も聞いたが、子どもたちが自らテーマを見つけるのではなく、教員が子どもたちにやらせたいテーマに誘導しているのではないか、とおもうことも多かった。結論も教員の意見の押しつけでしかない。

つまり、子どもたちに「自ら課題を見つけ、自ら学び、自ら考え、主体的に判断」させるのではなく、「教えている」ことにしかなっていないのだ。子どもに知識を与える、もしくは押しつける、という従来の方法の延長線でしかない。長野小のような実例を、少なくとも東京都内では、残念ながら耳にすることはできなかった。

総合的な学習の時間を、「失敗だった」と評価する声を多く聞く。しかし、失敗かどうかを判断する以前の問題、それを指導する力が教員になかったにもかかわらず、もしくは、そうした力を養成することもなしに導入してしまったことが、大きな間違いだったのだ。そのためほとんどの学校で、ほんとうの意味での総合的な学習の時間の目的が達成されなかった。その状況は現在でも続いている。

文科省の総括

この状況を、文科省はどう考えていたのだろうか。それを訊くために、文科省初等中等教育局教育過程企画室の審議・調整係に取材したのは二〇一五年のことだった。

教員が混乱しているままに始まり、続けているのが総合的な学習の時間の実態ではないか、と質問したところ、担当者からは戻ってきた答えは次のものだった。

「そういう意見もあったかもしれませんね。だから文科省としては、こういう実例集をつくって配っています」

さして意外でもないのか、反論はなかった。担当者から手渡されたのは『実践実例集』という、各地・各学校で行われた総合的な学習の時間の実例集だった。発行時期は二〇〇二年となっている。本格的に全国で導入されたのが二〇〇二年だが、改訂学習指導要領が示されてから、段階的に総合的な学習の時間は行われており、そのなかから文科省が「お手本」として集めたものといえる。それを見ながら、わたしは質問を重ねた。

「こういうものをつくって、こういうふうにやりなさい、と文科省が指導しなければならないほど、多くの現場では何をやっていいのかわからなかった、ということになりませんか」

失礼な訊き方だったのかもしれない。担当者の表情が少しばかり強ばっているようにおもえた。そして、次の答が戻ってきた。

「どの学校でも、その学校なりにうまくやっていたけれども、より良い内容にするための参考としてつくった、ということです」

教員たちが混乱していたことは絶対に認めない、といったニュアンスがふくまれているような気がした。わたしが学校現場で取材してきたような状況は、文科省からすれば「よそ事」でしかないようにおもわれた。わたしはさらに質問した。

「それでは、文科省としては、総合的な学習の時間の導入はうまくいったし、その目的どおりに実践されてきていると評価しているわけですか」

これに、文科省の担当者は、硬い表情を浮かべ即答しない。しばらく考える様子だったが、ようやく口を開いた。

「省としての判断を、私たちがすぐに答えるというわけにはいかないので、それは宿題とさせてください」

取材に際して、わたしは文科省の広報担当者に「総合的な学習の時間の導入経緯や、現時点での文科省としての評価を聞かせてほしい」と申し込み、そうして出てきたのが、わたしの目の前にいる担当者だった。その経緯を確認し、「二〇〇二年に本格導入して現在も続いていることになっているわけですから、それに対する総括のようなものは省内にあって当然ではないでしょうか。しかも、担当者であるあなたが話せない、というのは納得できません」と伝えた。十年以上もやってきた実績についての評価を担当者が語れないのは、わたしには奇異としか感じられなかったのだ。

「それは、宿題とさせてください」

担当者はそう繰り返すばかりだった。なんとも、しっくりこない取材だった。

その日の夜になって、昼間会った担当者からメールが届いた。そこには、「総合的な学習の時間について、一つポジティブなデータをお伝えするのを忘れておりました」とあり、次の文章が続いていた。

「『総合的な学習の時間を熱心にやっている学校ほど、学力が高い』というデータがございます」

添付されていたのは『平成二六年度全国・学力調査の結果』だった。いわゆる「全国学力テスト」である。

指示されていたページを開くと、「学校における指導等と学力等との関係」との項目になっていた。そこには、「総合的な学習の時間において、課題の設定からまとめ・表現に至る探求の過程を意識した指導をしましたか」という質問に対して、「あまり行っていない・全く行っていない」と回答した学校より、「よく行った」と回答している学校のほうが、全国学力テストにおける国語と算数・数学の平均正答率が小中学校ともに高くなっているとの結果が示されていた。

これを、文科省の担当者は「総合的な学習の時間に対する文科省としての評価」として連絡してきたことになる。つまり、「総合的学習な学習の時間に熱心に取り組んだおかげで、全国学力テストの国語や算数・数学の成績（点数）がよくなった」といいたいわけだ。文科省にとって総合的な学習の時間とは、全国学力テストの成績をよくするような主旨だったことになる。

総合的な学習の時間は、全国学力テストが実施される前に導入された。

二〇〇八年に文科省は、「ゆとり教育」を否定する「学力重視」の内容で学習指導要領の改訂を行った。その「学力」とは「テストでの点数重視」でしかなく、その方針の一環として登場したのが全国学力テストだった。短絡的に言えば、全国学力テストが総合的な学習の時間を否定したのだ。

ところが文科省の担当者は、「全国学力テストでの成績向上に役立っているので総合的な学習の時間は評価できる」と伝えてきた。納得できない話だが、「自分たちの間違いは絶対に認めない」という霞ヶ関の理屈からすれば、じつにみごとな答えなのだ。実質的に「間違い」として自分たちで方針転換したにもかかわらず、方針転換する前の方針も、転換後に役立っているのだから間違っていない、自分たちは一貫している、と主張してみせているにすぎない。

ともかく、その担当者のメールには、「H10答申で提言された『総合的な学習の時間』に対する一つの考え方としては、H20答申が参考になるかと思います」とも書かれてあった。「H20答申」とは、平成二〇（二〇〇八）年、つまり「ゆとり教育」を否定する学習指導要領の改訂があった一月一七日付けで、文科省の中央教育審議会総会が取りまとめた「幼稚園、小学校、中学校、高等学校及び特別支援学校の学習指導要領等の改善について（答申）」のことだ。その指示されたページには「総合的な学習の時間」の項目があり、次のように記述されている。

「このような学習活動は、子どもたちの思考力・判断力・表現力等をはぐくむとともに、各教科における基礎的・基本的な知識・技能の習得にも資するなど教科と一体となって子どもたちの力を伸ばすものである」

すでにここで、総合的な学習の時間と学科は融合されているのだ。学科のために総合的な学習の時間はある、といわんばかりである。長野師範付属小の研究学級を引き継ぐ信州大学教育学部付属長野小学校の取り組みを手本にしたとは、まったく思えない、まったく別の解釈に姿を変えてしまっている。

それが納得のいくものであれば、わたしの取材対応をした文科省の担当者は、わざわざ「宿題」にする必要はなかったはずだ。即答できなかったのは、担当者も苦しい解釈と考えていたのかどうか、それはわからない。

ともかく、テストでの点数を是とする学力重視の流れのなかで、総合的な学習の時間は本来の目的が理解され、実践されないままに、骨抜きのような状態になっている。それどころか、学力重視を絶対化する道具に使われてしまっているのだ。

この学力重視、それもテストの点数だけを価値基準とする学力を重視する姿勢が、日本の教育現場では深く根付いてしまっている。詰め込み教育の大きな背景にもなっている。

「成長させる教育」を大事にしているかどうか

長野師範付属小の研究学級を生活科・総合的な学習の時間として受け継いでいる長野小も、そうした流れと無関係だったわけではない。

そのために、長野小では「定員割れ」を起こしたことがある。募集人数に受験者数が届かなかったのだ。二〇〇四年度のことである。国立大学の付属小学校といえば、全国的に人気が集中するのが当然のようになっていて、競争率も高いと考えられている。その国立大学付属である長野小で、定員割れが起きたのだ。それについて副校長の畔上が説明した。

「もう三〇年以上も前になりますが、長野小の教員のなかで、『教科派』と呼ばれる人たちが発言力を増したことがあります。動物を飼うような授業スタイルに、『動物園化して困る』と苦言を呈していました。テストの点数が重視される風潮のなかで、確かな学力が手応えとして感じられない、数値としてとらえられないというジレンマが教員のなかにもあったんでしょう。長野県の東大合格率が低迷した時期で、『小学校から知識を教えろ』といった学力論争が起きたときと重なったことも影響しています」

その教科派の発言力が増して、学校内で動物を飼うこともはばかられるような状況になっていく。長野師範付属小の生活科のようなスタイルは軽視され、テストで点数をとれるような教科が重視されるようになったのだ。

ただし、教科派が完全に支配するようなことにもならなかった。元号が平成になったころから、次第に研究学級の流れを復活させる動きがはじまる。動物を飼い、そこから学んでいく生活科のスタイルが戻りはじめてきたのだ。

その戻り方が問題だった。一時は批判された人たちが再び実権をにぎりはじめると、ややもすると行き過ぎになってしまうことがある。長野小でも同じことが起きた。何から何まで、長野師範付属小のスタイルでやる方向に突っ走ってしまう。振り子のように、一方に大きく振れた分だけ今度は逆の方向に大きく振れてしまったのだ。教科など無視して、すべてを生活に根ざした学習スタイルにしてしまうという、極端なことになってしまった。

当然ながら、テストでの点数はとれなくなる。卒業生が中学に進んでも、「長野小の卒業生は成績が悪い」となってしまったのだ。そうなると評判がガタ落ちとなり、入学希望者も減り、定員を割ってしまう、国立大の付属小としては前代未聞の事態を招いた。

そんなことになってしまうのは、子どもたちが志望校を選択しているわけではなく、保護者が選んでいるからだ。テストの成績が悪いと高校進学、大学進学に支障がでる。それでは困る、と考える親がいかに多いか、ここにも表れている。世の中の学力偏重主義も同じで、根っこにあるのは進学競争だ。

それも、現在では落ち着いている。従来の生活科・総合的な学習の時間もしっかりやるが、教科にも力をいれている。定員割れも起きていない。畔上が次のように話した。

「点数をとらせる教育ではなく成長させる教育が方針ですから、テストの回数が他に比べれば少なかった。経験する場数が少なく、『テスト慣れ』していないのが、点数をとれない原因でしかありません。ただし、学ぶ基礎ができていますから、中学も二年、三年とすすんでいくにつれてテストの点数も上がっていく子が多いのも事実です。

最近は、高学年でのペーパーテストを増やしています。かつてに比べれば増やしているだけで、けっしてテスト漬けにしているわけではありません。成長させる教育と点数をとらせる教育のバランスをとって、小学校と中学校のギャップを小さくようとしているだけのことです」
ペーパーテストは増えても、教科の授業が詰め込み式になったわけではない。それどころか、長野小での教科の授業では、文科省が認定している教科書はあまり利用されない。

「持ち込みの教材を使うことが多い。算数であれば、自分たちで投げたボールの速度を測定したりとか、身近なことから問題を設定して、そこから教科書に関連する知識を学ぶスタイルが多い。だから、同じ学年でも、クラスごとにカリキュラムが違っています」

文科省が定めた学習指導要領にそって授業をすれば、同じ学年であれば、どのクラスでも同時期に同じことをやることになる。そうならないのは、身近なことからテーマを探っていく、生活科・総合的な学習の時間の精神を生かした授業になっているからなのだ。「学ぶ訳」を理解して、子どもたちは学習している。学力偏重の波にもまれながらも、長野小では「点数をとらせる教育」ではなく、「成長させる教育」を守り進化させていっているのだ。

その長野小をモデルにした総合的な学習の時間は、成功していない。その入り口にも立てなかったばかりか、教員を混乱させただけの結果になってしまった。

総合的な学習の時間の根本である「成長させる教育」を本気で実践しようとした教員は、はたして全国にどのくらいいるのだろうか。長野小の存在は知っていても、「ヤギを飼うなんて都会では無理な話だ」と即答する教員も多い。それに対して畔上が次のように反論する。

「そういう話ではないんですね。できない言い訳をしているにすぎない。ヤギを飼わなくても、子どもとともに学ぶ、子どもとともにあるという教育は、どこでも、どんな環境でもできる。成長させることが教育だということを、真剣に考えているかどうかだけのことです」

教員たちは、点数をとらせる教育と成長させる教育と、どちらが大事だと考えているのだろうか。そういうことも考えず、文科省の指示どおりに学習指導要領にそった、子どもたちが「学ぶ意味」を理解しないままの授業をやっている教員が多いのではないだろうか。そこに、現在の教育における大きな問題があるはずだ。

第3章

終わりなき模索

――伊那小の総合学習・総合活動

公立小での「本来の教育」の実践

「実は取材の際、やけに学力問題をつついてくるなあと、訝しい思いが少しばかり生じておりました」

というメールを、長野県伊那市立伊那小学校の馬淵勝己教頭からうけとった。わたしは、あやしい取材者だったのだ。メールには次のようにも書かれている。

「拝読させていただき、前屋さんへの疑惑が解けた……といえば大変失礼な表現なのですが、それが正直なところです」

伊那小学校を取材のために訪れたのは、『世界』（岩波書店）の二〇一五年一〇月号に掲載された記事を書くためだった。その記事で、わたしは馬淵への取材の様子を次のように記している。

「長野小や伊那小のような教育方針で、文科省が気にする『学力』はどうなるのだろうか。学力の話になると、たいていの学校では全国学力テストの話をもちだしてくる。

しかし伊那小の馬淵は、学力の話を振っても、全国学力テストの話はしなかった。そこで、『全国学力テストの結果を気にされていますか』と質問してみると、ちょっと困ったような顔になった。成績が悪いから困ったのではなく、教育の成果を点数で評価しかねない軽薄そのもの質問に嫌悪感をもったように、わたしには感じられた」

馬淵にわたしは、いわゆる学力の問題をしつこく訊いた。伊那小の卒業生たちが中学にすすむと学力の面で戸惑いを感じることがある、という話を聞いていたからだ。しかし、それは第2章で取り上げた信州大学教育学部附属長野小学校と同じく、「テストで点数をとるための訓練」が他校にくらべれば少ないからにすぎない。

だから、全国学力テストの話をふられた馬淵が、むきになって「それなりの結果をだしている」みたいな話をしたら、わたしはガッカリしていたにちがいない。正式名称を「全国学力・学習状況調査」という全国学力テストを、その名が示しているように学力や学習状況を把握して指導に役立てるのが目的だと文部科学省（文科省）は説明している。しかし実際は、全国学力テストの成績を全国の学校が競うことになってしまっている。それに火をつけたのは、最初から都道府県ごとの順位を公表に踏み切った文科省なのだ。

文科省は、全国学力テストによって都道府県の、そして学校間の競争を煽った。それを大半の学校がうけいれた。そうした実態に、わたしは疑問を感じていた。だから、『世界』の記事で「教育の成果を点数で評価しかねない軽薄そのものの質問に嫌悪感をもったように、わたしには感じられた」と書いたのは、安堵感であり、高い評価のあらわれだった。

記事を読んで、それを馬淵も感じてくれたようだった。メールには次のように書かれてあった。文中の〝そこ〟は、全国学力テストを指している。

「〝そこ〟を避けてはいないけれども、〝そこ〟で勝負しているわけではないと思っているからです。そのことをちゃんと見抜かれてしまいましたね。参りました」

正直、わたしにとっては、とてもうれしいメールだった。怪しい取材者を受け入れてもらったからではない。伊那小が、全国学力テストにしばられない教育を貫いていること、その意思をもっていることを、馬淵のメールで確信できたからだ。さらに馬淵は続けている。

「現在の教育界の情勢として、本校の教育は決してメインストリートを歩んでいるわけではないと思えますが、時代に流されず教育を見据えたときには、これこそが本来の教育だと思っています」

伊那小の教育は、信州大学教育学部付属長野小学校に学び、進化させてきている。つまり、長野県師範学校付属小学校の研究教室の流れを受け継ぐ教育なのだ。

研究教室の教育は、長野小の生活科・総合的な学習の時間に引き継がれている。それは文科省が導入した総合的な学習の時間のモデルにもなったのだが、ほとんどがモデルとは似ても似つかないものになってしまっているのが現実だ。その理由を、「優秀な子どもたちが集まる付属小だからできることで、普通の学校では無理だ」と話す教員の声も多く聞いた。

しかし、伊那小は普通の公立小学校である。生徒を選んで入学させているわけでもない。地域の子どもたちが、ごく自然に入学してくる学校なのだ。そこで長野小に劣らない、「これこそが本来の教育」と馬淵が胸をはる教育が実践されている。

「低学年だと、朝、出席をとると、みんな帽子をかぶって庭に飛びだしていきますよ」といって馬淵は笑った。長野小で行われている生活科と同じことが、ここでも展開されているのだ。その時間に、伊那小では「総合学習」の名称がつけられている。そして高学年では、「総合活動」と呼ばれる。

通知表を廃止

伊那小で総合学習・総合活動が始まったのは、一九七七年四月からのことだった。長野小の生活科・総合的な学習の時間を参観した当時の伊那小校長の酒井源次が、導入を決めた。長野小を見学する教員は多かったが、その多くは「付属小だから特別」と考え、自分の学校で長野小と同じような授業を試みようとはしなかった。

そうしたなかで酒井は、公立小学校での実践を決断したのだ。そして七八年に長野小から教員の大槻武治が転任してくると、彼を中心に本格的な実践が展開されていく。大槻は長野小で生活科・総合的な学習の時間の指導で実績を残し、伊那小の総合学習・総合活動でも重要な役割をはたした人物だ。

その大槻が、伊那小の取り組みの経緯をまとめた『共に学び共に生きる―伊那小教育の軌跡―』（信州教育出版社）に収録された「伊那小の総合を語る―元研究主任座談会―」のなかで、なぜ酒井が伊那小に総合学習・総合活動を導入したかについて語っている。

「当時はどこもそうでしたが、詰め込み教育の弊害が指摘され、『ゆとりと充実』ということが言われていた時代です。当時の校長であった酒井源次先生がいちはやくその問題を取り上げました」

伊那小の取り組みは長野県教育委員会も評価するところとなって、「総合的学習」の研究校に指定される。それに文科省も注目し、いわゆる「ゆとり教育」で導入される総合的な学習の時間のモデルにもされていくのだ。

しかし、全国の学校に導入されていく総合的な学習の時間は、伊那小のそれとは違うものになってしまう。それについて大槻は、対談のなかで次のように指摘している。

「本来は『ゆとりと充実』を目指すものとして総合学習が取り上げられたはずでしたが、いつのまにか『充実』がとれ『ゆとり教育』と呼ばれるようになったことは残念です」

それには、伊那小の「伝統」が大きく関係しているのではないかとおもわれる。それは自然に生まれた伝統ではない。伊那小の子どもたち、教員、そして保護者がいっしょになってつくってきたものである。

そのひとつが、「通知表がない」ことだ。小学校といえば通知表がつきもので、終業式当日となれば、子どもたちと保護者の関心はここに集中する。その通知表を伊那小が廃止したのは、一九五六年からのことだった。この当時、酒井は伊那小の教員であり、廃止の経緯に関わりをもったひとりである。その彼が、伊那小の教員たちが総合的学習・総合的活動について共同執筆した最初の本である『内から育つ子ら』の「あとがき」で、廃止した理由を記している。「児童の成長発達の姿を過程に通知し、家庭に於ける生活の模様を担任に連絡をとりながら、相互に携え合うことは、義務教育の段階では殊に必要なことである。しかしそのための手段として、通知表が最良のものであるかというと必ずしもそうばかりとはいえない。刻々変容していく児童の成長過程の今日的情況を、どう評価し、どう記述し、どう通知し得るかというたいへん厄介な問題と当時の数年間を真剣に取り組んだ結果、でき得る限り資料的に絶対評価の立場に立ちつつ、ポイントを抑えて面談することの方が、より効果的であると判断したからである」

さらに従来の通知表のあり方にも痛烈に批判の目を向けている。酒井は、「通知表に記載された段階的評点と所見とを大ざっぱに見て、子どもの責め道具に使われては敵わないと考えたことも事実である」と書いている。

学校と家庭とが連絡を取り合い子どもの成長に資するための通知表は、ややもすると保護者が子どもを責める道具になってしまう。通知表を受けとった子どもたちが保護者に見せるのをためらう場面は、アニメや漫画などでもよく登場する。それほど、責めの道具として通知表が受けとられているからだ。本来の通知表の目的とはかけはなれた、真逆の存在になっていると、当時の伊那小の教員たちは考えたわけだ。

とはいえ、保護者が簡単に納得するものではない。子どもの成績を把握するために通知表こそが唯一の存在だと信じる保護者が存在するのは、伊那小でもかわりない。通知表を廃止した当初は、「従来のような成績評価を知りたい」といった要求が、保護者側から少なからずあったようだ。それでも伊那小は、「通知表なし」を貫いた。

子どもたちの学校での様子や成績を保護者に通知するのをやめたのかといえば、そんなことはない。通知表を廃止した代わりに伊那小では、酒井の記述もあるように「面談」を重視するようにした。学期末に「個別懇談」を開き、時間をかけて個別の懇談を行うようにしたのだ。段階的評価のような大ざっぱなものではなく、一人ひとりの子どもについて学校と家庭での状況について保護者と個別に話し合うようにした。

当然、教員の負担は大きくなる。それでも、そのほうが子どもの成長のためには有意義であると、伊那小の教員たちは個別面談を選んだのだ。それは、いまも続いている。教員たちの努力だけでなく、保護者の理解がすすんだからこそ、続けていられるのだ。

「チャイムは自分自身で鳴らす」

通知表だけでなく、もうひとつ伊那小が廃止したものがある。チャイムである。授業開始や授業終わりなど、学校にチャイムは不可欠のイメージがある。学校の記憶とチャイムがダブって頭のなかに刻まれている人も少なくないはずである。

そのチャイムを廃止したのも、総合学習・総合活動を伊那小に導入した酒井だった。その理由を彼は、『内から育つ子ら』（信州教育出版社）の「あとがき」で次のように説明している。

「公開研究授業ですら、三分五分と授業が延びてしまう。これは『授業』そのものの本質からみて、どんなに巧みに授業を仕組んでみても、人間が人間である限り、延びたり縮んだりするのが当たり前なのである。こんな当たり前なことに気付かないで、指導上の問題であるという方向からのみ論じ合うことは、子どもを一定の枠にはめ込んで、外側から見ている教師族の傲慢不遜な思い上がりである。（中略）手間ひまを経て子どもたちの目がすわっていくとき授業が始まる。チャイムが鳴っても、止めるわけにはいかないのである。集中没我、永遠の時が流れる。それを授業という。やがて一区切りがついて、一休息があって、新しい展開が始まる。チャイムで活動が始まるのではない。チャイムは自分自身で鳴らすのである」

これも、いまも続いている。授業の始まりと終わりがはっきりしていないのだから、時間割も決めようがない。たとえば一時限目は国語、二時限目は算数と決めていても、一時限目の国語で子どもたちが「集中没我、永遠の時が流れる」といった状態になれば、教員は授業をやめない。本来は二時限目の時間になっても、国語の授業が続いていくことになる。だから、時間割が決められない。

「ある程度の日程表はあって、それに沿って教員は授業をすすめていきます。しかし、あくまで目安であって、教員は子どもたちの様子をみて考えながら、その日の授業を進行していきます。だから、他校のような固定化された時間割は存在しません」

教頭の馬淵が説明した。チャイムもない、時間割もない、となると、気になるのは文科省の定めている学習指導要領との関係である。日本の学校であれば、しかも公立となれば、その存在を無視してはやっていけないはずなのだが……。

「もちろん、学習指導要領の内容を、きちんと教員は把握し、どの時期に何を学ぶのかを決めた年間学習計画もたてます。高学年になれば教科の授業も増えますから、学習指導要領に沿った時間もあります。

ただ、教科は教科の時間でしかやらない、というのではなく、総合学習・総合活動のなかでもやります。その計画もたてますが、必ずしも、そこでやらなければならないというものでもありません。押しつけるようなことはしません」

と、馬淵は説明した。たとえば、総合活動で「自分たちの作った船で天竜川のいろいろなところを下ろう」をテーマにした六年生のクラスがあった。その担任教員が年度初めにつくった「総合活動年間計画」には、四月から五月までのところに三つの総合活動としての目標計画が記されている。

総合活動としての目標の一つ目は、「グループを作ろう」となっている。自分のつくりたい船のイメージの共通点や相違点を元に友だちを集めてグループをつくる、というものだ。二つ目が、一〇分の一の模型をつくる、となっている。そして三つ目が、正確で丁寧な作業をしなければ安全な舟はつくれないので、専門の人に教えてもらうことを目標にしている。

そして、この計画表には「教科」という項目も並べられている。四月から五月までのところには、「一〇分の一模型をつくることで縮図や拡大図について理解する」との目標が掲げられている。これは、学習指導要領で定められている学習内容でもある。総合学習・総合活動においても、伊那小の教員たちは学習指導要領を無視していない。それを活かそうと努力している。

言うまでもないが、計画表には四月から五月の目標として記していても、その期間に必ずやるわけではない。子どもたちの状況、授業の進展状況では、別の期間に実施されることもありうる。同様に、たとえば六月から七月に予定されていたことが四月にやられることもあるし、九月にやられることもある。学習指導要領優先ではなく、あくまで、子ども中心の学習なのだ。

とはいえ、「言うは易く行うは難し」である。押しつけるのではなく、子どもたちの状況を優先しながら子どもたちが自らすすんで学んでいく機会を見逃さず、学習指導要領の内容を汲み上げていくのは簡単なことではない。

学習指導要領に決められたとおりにスケジュールを決め、それに従って授業をやるほうが教員にとっては楽なはずである。ただし、それではほんとうに子どもたちとって生きた知識になっていくのかどうかは疑わしい。そういう授業で、「子どもたちが理解しない」と嘆くのは、教員が自らの努力を放棄しているからではないだろうか。

ともかく伊那小では、学習指導要領を尊重しながらも、それに縛られず、子どもたちが生きた知識を身につけるための努力を教員たちは続けている。教頭の馬淵が、そうした教員たちの努力について次のようにつぶやいた。

「日々、子どもたちに向き合い、どうしたらいいか悩む毎日です。子どもたちと共に立ち止まり、共に考える、それが伊那小の教員たちの姿です」

それを聞いて、思わずわたしの口からは「たいへんですね」という言葉がこぼれた。正直な感想だった。それを聞いた馬淵が、自信ありげに語る。

「公立の小学校では珍しいとおもうんですが、学年ごとの学年室があるんです。ここに放課後には学年ごとに担任が集まって、悩みを語り合い、子どもたちについて語り合うんです。担任だけでなく、学年担任の全員が、その学年の子どもたち全員に目を配り、考えています。そういう場をつうじて、教師も日々学んでいます」

附属小学校である長野小に勝るとも劣らない教育が実現できているのは、教員自らが学び、学び合う姿勢を忘れていないからだ。傍目には「たいへん」としか映らなくても、伊那小の教員たちは誇りをもって取り組んでいる。

「本当の意味で成長していく子どもたちと接しながら、自分たちも成長していく。教師にとっても、それは喜びなんですよ」

とも、馬淵はいった。ペーパーテストの点数ばかりを気にするより、ほんとうの子どもたちの成長を見守り、応援することが教員としての仕事というわけだ。「成長していけば、ペーパーテストでの点数など自然についてくる」と、全国学力テストのことをしつこく質問するわたしに向かって言っているようにおもえた。

「連凧づくり」で何を教えるのか

伊那小における教員たちの切磋琢磨は、日々の学年室における活動だけに留まらない。伊那小では、全教員が参観する「全校研究授業」を行い、それをもとに話し合う「全校学習研究会」を定期的に開いている。学年室での日々の話し合いを、全校教員に広げた研究会である。この研究授業と研究会、そして他のクラスの授業も参観させてもらうことになった。

当日の参観は、まず全校学習研究会の授業である一年敬組の総合学習「ポニーをかおう」から始まった。ちなみに、伊那小ではクラスの名称に漢字を当てるのが慣わしになっている。この授業には、全教員と学外からの参観者全員が参加した。続いては、一年直組の総合学習「はやしであそぼう」と三年智組の総合活動「智組小麦粉をつくろう」、そして六年夏組の総合活動「一つでも多くつなげよう～連凧づくり～」を、学外からの参観者が自由に観てまわることになった。

そのなかで、「ポニーをかおう」は、わたしも参観させてもらった。そのことは、後で触れることにする。

自由参観では、わたしは六年夏組の「連凧づくり」を観させてもらった。校舎と校舎を結ぶ長い渡り廊下に夏組の子どもたちが、それぞれに場所を占めて、凧づくりに精をだしている。

他の学校でも行われるような「普通」の授業であれば、まず初めに教員が作り方を説明し、それにしたがって子どもたちが、同じような作業を同じようなテンポですすめていくのではないだろうか。

しかし目の前で展開されている光景は、教員が子どもたちに向かって大声で説明したり、間違っている子どもを責めたりするようなものではなかった。子どもたちは、それぞれに自分の作業を淡々とこなしているようにしかみえない。竹を斧で割り、それを細く削っている子もいる。そうしてつくった竹を組み合わせて、凧の骨組みをつくっている子もいた。その骨組みに凧の形に切断したビニール布を貼り付けている子もいる。ビニール布の切断に、黙々と取り組んでいる子もいる。さらには、できた凧に紐をつけて、長い廊下を走って引っ張り、上がりぐあいを確認している子もいる。

そうしたなかで、「指導」しているはずの担任の姿を探すと、子どもたちと同じように凧づくりに精をだしている。時々、子どもたちと話をしているが、指導しているような様子ではない。うまくいかないところを子どもたちといっしょになって話し合い、解決策を探っているようにしかみえない。

一見すれば、教員と子どもたちが爪づくりを楽しんでいる、長閑な風景にみえないこともない。予備知識もなしに、たまたま参観しただけなら、「遊んでる」としか思えなかったかもしれない。「授業時間を遊びに費やしていいのか」なんて意見さえ出かねない授業風景だった。

わたしにしても、深い知識があったわけではない。ただ、目の前で展開されている子どもたちの活動に、「伊那小らしさがあるにちがいない」という期待だけはもっていた。しかし、「これがそうだ」との確信をもつまでにはいたらない。正直、わたしはモヤモヤしたものを抱えたままで、爪づくりに夢中になっている子どもたちを眺めつづけていた。

その授業が終わり、わたしたち参観者は一つの部屋に集められた。当日は、滋賀県立大学人間関係学科の学生二〇名と山梨大学教職大学院生四人も参観者として参加していたのだ。やがては、学校の教壇に立つことになる人も少なくないはずである。

参観者たちが集まった部屋では、「授業を語る会」が行われた。参観授業を行った三年智組の笠井真希、六年夏組の春日健二といった教員も加わっての意見交換会、質疑応答の会である。

「総合学習・総合活動を教科にどう結びつけていくのか、見通しをもっているのか」

「爪づくりで分度器や定規を使っている子がいたが、それは教科の時間に応用されるのか」

といった質問が、参観者たちから教員に投げかけられていく。教員を目指す彼らにとって、教科、つまり学習指導要領を授業のなかでどのように消化していくのかが大きなテーマであることはまちがいない。その重要性を大学でも教えているだろうし、実際に教員になれば、その力を問われることになることを、彼らは知っている。だからこそ、学習指導要領を授業でいかに効率よく消化していくかのノウハウには貪欲であるにちがいない。伊那小での授業参観でも、そうした将来、役に立つノウハウを吸収しようとしていたのかもしれない。

「凧をつくってみたものの、思うように上がらないとなると、『なぜか』と子どもたちは考えます。考えて、作業をやってみて、『あんまり小さいと風の抵抗を受けないから上がらない』と言った子がいたんです。

それでは、『どういう大きさがいいか』となって試行錯誤していくうちに、十字に組み合わせた骨組みの縦と横の長さの割合が三対一くらいの比率になることを子どもたちが勘でつかんだタイミングで、比率の学習につなげたりします。正確な比率でつくるためには長さを測らなければいけないし、縦横の骨組みを正確な角度で組み付けるには分度器も必要になります。そこで、定規や分度器の学習にもつながっていくわけです」

と答えたのは、六年夏組の担任である春日だった。夏組の凧づくりは、このときの授業が初めてではない。実は、五年生のときから取り組んできているテーマなのだ。春日が続ける。

「凧づくりを選んで最初に資料を渡したり、または凧づくりのキットを用意すれば、作業は簡単だったかもしれません。そこには縦横の比率を三対一にすればいいと書いてあるかもしれないので、子どもたちは苦労しないで知識を得られたかもしれません。

でも、最初から答を教えるのではなく、子どもたちが自分の力で正解をみつけていくことのほうが大事だと考えています。だから、資料やキットは用意しませんでした。

子どもたちがそれぞれの発想で始めているので、それぞれの凧の大きさもバラバラなんですよ。それをつなげて連凧にするには、大きさを考えていかなければならないでしょうから、そうなると縮小拡大の学習につなげていけるかな、と期待しているんですよ」

春日の説明に、参観者の多くがペンを走らせながら熱心にメモをとっている。しかし、どうも実感がわかない、といった表情ばかりだ。淡々と凧をつくる子どもたちの姿と、春日の説明が、すぐには結びつかないのかもしれない。教科に結びついた瞬間を目撃したわけでもないので、それも無理はないのかもしれない。

説明を聞いて簡単に応用できそうなノウハウでもない。ノウハウというには、ちょっと難解な内容にもおもえる。「困っていそうな子がいないか、常に目を配ってます」みたいな単純なノウハウでもない。参観から何か得るものをもちかえりたい参観者にとっては、春日の説明は物足りないのかもしれない。物足りないのかどうかも、実は判然としないようにもみえた。そんな質疑応答が続き、「語る会」の部屋には、どうにも気まずい空気が流れている。

そこで、わたしが質問のために手をあげた。質問を投げたのは教員にではない。参観者に向かって、「他の学校での授業も参観されたことがあるとおもいますが、それも踏まえて、伊那小の子どもたちがどのように映りましたか」と訊いてみた。

自分たちは質問する側だとおもっていたのか、参観者たちはちょっと戸惑った表情をみせた。

それでも一人の学生が手をあげ、質問に答えてくれた。

「子どもたちが、自信をもった表情なのが印象的でした。自信をもって学びたいことに集中している、そんな表情をしていました。

授業参観では、参観者を気にしたり、間違ったことを言って笑われないか、間違いを指摘されて恥をかかないか、といった心配している表情の子がよくいます。でも伊那小では、そういう子はいなかったようにおもいます」

すると、何人かが同じような感想を述べた。それを聞きながら、参観者の誰もがウンウンとうなづいている。そして、さっきまでの硬い表情がくずれて、誰もが柔らかい表情になり、笑みまで浮かべていた。

「最近は、子どもたちの喜怒哀楽が感じられるようになったんですよ。自分たちで考え、試し、そのたびに喜んだり、渋い顔をしている。私と子どもたちの気持ちが一体化しているように感じられるようになってきました。それで、いっそう授業が楽しくなった。こんな感じは、去年はなかったんですけどね」

春日も、笑いながら答えた。

そんな参観者たちの感想を聞き、表情をみて、そして春日の話も聞いていて、わたしは授業を参観していたときに感じていたモヤモヤが晴れるような思いだった。凧づくりを通じて子どもたちは、自分で考え、自分で答をみつけていっている。そうしたなかから、学習指導要領に盛り込まれているものもふくめて、多くの知識を吸収している。吸収するだけでなく、それを実際に使っているのだ。まさに、生きた知識である。そういうものが、子どもたちの自信となって現れている。それが、伊那小の教育なのだ。

そうした「子どもたちの自信」に気づけなかった自分の迂闊さを、わたしは大いに反省しなければならなかった。

新米教師へのフィードバック

時間の都合で学生たちが帰っていったあと、「全校学習指導研究会」が開かれた。研究対象は、全教員が参観した一年敬組の「ポニーをかおう」の授業である。その敬組の担任である安田翔三郎が、伊那小の教員全員を前にして、前方の席に座っている。彼はかなり緊張しているようにみえた。それには理由がある。

安田はこの年の四月に伊那小に赴任したばかりで、赴任から五ヶ月ほどしか経っていなかった。他の学校とはちょっとばかり違う伊那小の教育については、新米も新米の教員である。授業研究で自分が主役になるのも、たぶん初めてだったはずだ。その安田が、全教員が参観する研究授業を行い、これから全教員から意見を聞こうというのだから、緊張するなと言うほうが無理かもしれない。

もうひとつ、彼には緊張せざるをえない理由があった。彼が行った研究授業は、わたしのような伊那小の教育に浅い知識しかなく、しかも教員でもない素人からみても、とても「成功」とはいえないような内容だったからだ。安田の緊張は、これから教員たちの口から飛びだしてくる自分への「叱責」を覚悟していたからなのかもしれない。その安田が口をひらいた。

「石を割って遊びはじめる子がいて、なんて声をかけていいのか悩みました。結局、無理に声をかけることはしませんでした。

ポニーを飼う授業について私は、子どもたちと外へ出て、木にポニーをつなぎ、遊び疲れた子どもたちがポニーのそばに集まってくるという姿を想像していました。しかし研究授業を前にして、『自分自身が何をしたいのか』がわからなくなってしまいました。きょうの朝になって、子どもたちにどう声をかけていいのかわからなくなった。

結局、ポニーの手綱を子どもたちに引かせたり、いっしょに走ったり、目先のことばかり考えていたようにおもいます」

安田がいうように、研究授業はポニーの手綱を子どもたちに交代で引かせたり、いっしょになって駆ける、さらにはポニーの蹄の手入れをする、といった内容が盛り込まれていた。こう並べてみると、動物園におけるふれあい体験のようにおもえないでもない。実際、そのような光景だったのだ。

そのうち、庭の隅に積み上げられた石のある場所で、その石を割って遊ぶ子どもがでてきた。

最初は一人、二人だったのが、すぐに一〇人近くにふくれあがっていった。クラスの三分の一近くの子どもたちが、ポニーから離れてしまっていたのだ。

それに安田も気付いているが、無理に石から引き離そうとはしない。「こっちもいいけど、愛ちゃん（ポニーの名前）のところにきてね」と声をかけたりもしている。しかし子どもたちは、石の場所から離れようとはしなかった。これが普通の学校であれば教員は、「こっちにきなさい」と叱って引き戻していたはずである。

しかしそれは伊那小らしくない。そのことを安田も理解していたのだろう。ただ、どうしていいかわからない。彼の告白によれば、彼は悩んでいたのだ。伊那小らしさを理解しているベテラン教員なら、そういう場合のうまい対処の仕方がわかっているのかもしれないが、なにしろ安田は赴任から半年も経っていないのだ。彼は、悩むしかなかった。悩みながら、「きょうの研究授業は失敗だ」と考え、それが、研究会の席でみせた彼の緊張の表情につながっていたのかもしれない。

安田が話し終わると、参加していた教員が次々に発言していく。だが、誰も安田を責めるような口調ではない。誰もが淡々とした口調で話をしていく。

「石のところで遊んでいた子も、友だちに誘われて、手綱を手にしたりしていた。印象に残ったのが、その子が次の子に手綱を渡すとき愛ちゃんに、『いってらっしゃい』といっていたことでした。その後に石の場所に戻って石で遊んでいたが、満足げな顔をしていました」

「石のところにいた子が、『愛ちゃんと追いかけっこするよ』という安田先生の声で、愛ちゃんのところに行ったけど、すぐに『疲れた』といって戻ってきた。あの石の場所がなかったら、愛ちゃんと距離をとりたい子はどうしたかな、というのを考えました。石の場所にいても、愛ちゃんのことを気にしている様子がみてとれて、自分なりの関わり方を考えているのかな、とおもいました」

「他のクラスで飼っているヤギだと、ヤギと子どもたちが自然なかたちで存在しています。しかし、愛ちゃんが来てまだ五日目ということもあるけど、子どもたちにとっては『借り物の場所』のような印象を受けました。先生が用意した場所でしかない、といった印象です。その不自然さを、これからどうやって先生と子どもたちが変えていくのか興味があります」

「手袋をしていた子が、愛ちゃんに触れるときには、必ず手袋をはずしていました。愛ちゃんのたてがみをねじって、『かわいいでしょう』っていってた子がいた。自分だったら、『かわいいね』って大声で応えていたとおもいます」

「子どもたちが口々に『温かい』『寝ぐせ』とか、『疲れたのかな』とかいってた。そんな一言から、いろいろなことが広げられるのか、と考えていました。それを、安田先生は考えていたんでしょうか」

「愛ちゃんの足の近くにいた子に、『蹴られないでね』といっていた子がいました。自分も楽しみながら、他人のことも心配している。そういう子もいました」

「愛ちゃんが嫌がっている様子をみせたとき、僕なら逆に『喜んでいるのかな』といったかもしれません。それに反応する子どもたちの姿をみてみたかったな。愛ちゃんの様子の変化を見逃さず、そこから子どもたちに迫っていってもよかったんじゃないですか。先生が勝負をかけるところじゃなかったのかな」

どんどん指摘は手厳しくなっていく。安田の表情も、どんどん険しくなる。それでも安田はウン、ウンと肯くだけで、反論しようとはしない。ただ素直に聞いているだけだった。

研究会の真のねらい

そうして全校学習指導研究会は、あっという間に終了した。その後の対応で忙しくしている教頭の馬淵にあいさつもできないままに、わたしは伊那小をあとにした。そして戻ってから、馬淵にメールを送った。

「先生方が実に細かく子どもたちの行動を観察されていたことは、（研究会での）話のなかからわかりました。それでも、もの足りないと感じたのは、『安田先生と子どもたちの関係』への観察が足りなかったのではないか、という点です。子ども一人ひとりの行動についての話は多くありましたが、教師の立ち位置についての発言が少なかったように感じました。緊張されている安田先生への気遣いだったのかもしれません……。

授業者の立場に立てば子ども一人ひとりを細かく観察できないので、ああいう場で、授業者でない立場で子どもたちを観ることは、先生方個人の『気づき』には、たいへん役立つのでしょう。そのための研究授業なのかもしれません。

しかし、(研究会では)『教師の立ち位置』が、もっと大きなテーマではなかったかとおもいます。その観察をもとに話し合われることが、安田先生の成長にもつながるのではないでしょうか」

安田のために「こうしたらいいよ」というアドバイスがもっとあってもいいのではないか、とおもったのだ。または、「ここはこうすべきだ」「いや、そうじゃなくて、こうしたほうがいいよ」といったやり取りで議論がもりあがる、という光景をわたしは期待してもいた。

つまり、「指導する技術」を磨き合い、身につける研究会というイメージを勝手に思い描いていたのだ。だから、研究会にもの足りないものを感じていた。そのままの感想を、馬淵にぶつけたことになる。無遠慮とおもわないでもなかったが、どうしても馬淵の答を聞いてみたいと思ったのだ。

馬淵からの返信のメールは、すぐにあった。その冒頭には、次のような文章がしたためてあった。

「授業研究で最も大事にしていることは、子どもの事実で語るということです。『こうすべきだった』『こうあるべきだ』などと、表面上の方法論を交わし合っても何の意味もないからです」

いきなりガツンとやられた。伊那小の教員たちの指導には、学習指導要領のような「絶対的なもの」は存在しない。去年の一年生と今年の一年生は違うし、今年の一年生のクラスでもA君とB君では違う。違うのだから、過去の経験から「こうすべき」「こうあるべき」と決めつけることは無理なことなのだ。むしろ、決めつけるべきではない。決めつければ、間違うことは明白だ。ベテラン教員が新米教員に向かって、「こうすべきだ」と言えるはずはないし、そんなアドバイスは有害でしかない。

さらに、馬淵のメールは続いた。

「ただ、子どもの事実を伝え合うことで終わってはもったいない。そこで自分は何を学んだかを伝え合いたいと思うのです。何人かの教師は、そこまで伝えていたかと思いますが、全体としてはこれからの課題です」

たしかに、前述した教員の発言でも、「温かい」とつぶやいている子どもの発言を広げられないかとおもったなど、自分が学んだことを述べているようなものもあった。ただ、それが自分に向けたものなのか安田に向けたものだったのか、聞いている側にしてみれば判然としない印象をうけたのも事実である。「課題です」と馬淵がメールで書いているように、研究会そのものが現在進行形で学んでいるのだ。

そして馬淵は、「子どもの事実を語ることで安田に伝えたかったこと」として、次のように書いていた。

「もう一度、子どもの側に立ち、子どもが自ら創り上げていくための構想に練り直さなければならない。そのために不可欠なことは、自らの子ども観、授業観の問い直しだということをぶつけたかったのです」

それをわたしに理解させるために、研究授業にいたるまでの過程を馬淵は述べていた。わたしにとっては、初めて聞く話だった。

教員も子どもも成長させる

安田の授業「ポニーをかおう」で子どもたちと触れあっていたポニーの愛ちゃんは、伊那小で二〇年間勤め退職したOBが、地域の子どもたちが馬と触れあうことで成長する場としてつくった「パカパカ塾」から借りたものだった。安田は、このパカパカ塾からポニーを借りることを前提に、「ポニーをかおう」を構想したという。しかし、安田のポニー借用の願いを、パカパカ塾では断った。

「安田さんのなかに安易な気持ちを感じられたのではないかと察します」

と、馬淵はメールに書いている。伊那小では新米の安田は、総合学習は動物を飼うことだと解釈し、それならOBのやっている牧場からポニーを借りればいい、と発想したのかもしれない。そういった安易さを、伊那小で二〇年間も総合学習・総合活動に取り組んできたベテランは見抜いたのだろう。だから断った。そんな上辺だけのことでは総合学習・総合活動はできない、ということだったのだろう。

悩んだ安田は、パカパカ塾をあきらめ、他のポニーを貸してくれる牧場を探しはじめた。これに、馬淵たち伊那小の教員たちは違和感を覚えた。

「こんなに簡単にパカパカ塾をあきらめ、他の牧場を探そうとしている安田さんの生き方に対してであります」

と、馬淵は書く。教員たちはその違和感を伝え、もういちどパカパカ塾にぶつかっていくべきではないか、という話をした。その思いを受けとめた安田は、またパカパカ塾に通い、話し合いを繰り返した。そのなかで、安田の姿勢についての指摘も多くあったにちがいない。

ただし、愛ちゃんを貸し出せない動かしがたい理由があることも判明した。愛ちゃんの馬主は、パカパカ塾ではなくて他にいて、そちらに返すことになっていたのだ。そんな重要な情報を最初の時点で聞きだせなかったのは安田の問題であり、その問題を見抜いてパカパカ塾では先まわりして事情を説明するようなことはしなかったのかもしれない。

ともかく、愛ちゃんを借りられないことがわかり、またもや安田は奔走することになる。そして、ようやく一頭のポニーにたどりつくのだが、そのポニーにも問題があった。

それは、いろいろなイベント会場に貸し出だされてきたポニーだった。子どもたちと触れあうことには馴れているだろうが、そのためにポニー本来の姿をみせなくなっている懸念もあった。さらには、かなりの高齢だった。高齢でイベント貸し出しとしては用済みになったため、所有者も安田に貸すことを承諾したのではないか、と想像できた。そうしたポニーが、はたして子どもたちと暮らしていくのにふさわしいのかどうか、馬淵をはじめとする教員たちは悩んだ。もちろん、安田も悩んだ。

研究授業で愛ちゃんと遊ぶ子どもたちにも、実は悩みと迷いがあった。これから自分たちがいっしょに暮らしていくポニーが愛ちゃんでないことを、すでに子どもたちは安田から聞かされていたのだ。何度かパカパカ塾を訪ねて愛ちゃんと接し、「これが自分たちと暮らすポニーだ」とおもっていた子どもたちにとって、それは衝撃だったはずである。

自分たちと暮らすことになるらしいのは、別のポニーだということも、子どもたちは知っていた。しかし、そのポニーと子どもたちは会ったことはない。安田が撮影してきたビデオでその姿を知るだけで、実感はない。子どもたちが愛ちゃんと接したことがあるといっても、回数にすれば二回だけのことで、時間にすれば短いものでしかない。

そんな状況でポニーを飼いはじめることが子どもたちの成長のためになるのか、そもそも子どもたちはポニーを飼うことをほんとうに望んでいるのか、ある日、安田と研究主任、そして馬淵は話し合った。そして考えた結論が、実際にポニーとの生活を子どもたちが体験することだった。

そして、パカパカ塾の協力で、愛ちゃんが一週間だけ伊那小にやってくることになった。その一週間のなかの一日が、全校研究授業の日だったというわけだ。その時点で、愛ちゃんを飼えるのかどうか、子どもたちは半信半疑である。安田に「飼えない」といわれているのだから、いくら愛ちゃんと親密になってもすぐに別れなければならないことを、子どもたちは知っている。

その状況を知れば、研究授業の光景の受け取り方が違ってくる。愛ちゃんと離れて石を割っていた子どもたちは、別れを覚悟していて無意識のうちに親密になることを避けていたのかもしれない。愛ちゃんにさわるたびに手袋をとっていた子どもは、それでも愛ちゃんがかわいくてしかたなかったのかもしれない。愛ちゃんに触れて「温かい」といっていた子どもは、命と寄り添う実感を得ていたのかもしれない。もちろん、これは、わたしの想像の域をでない。

しかし、学習指導研究会で伊那小の教員たちは、安田が気づいていないだろう子どもたちの事実を伝えることで、安田に考えを広げてもらおうとしていたのかもしれない。「愛ちゃんと別れることはわかっているんだね」とか「触れあうことで飼う実感が生まれている」などと、勝手な感想や意見を述べたとしても、安田が考えるきっかけにはならい。どうすれば自分の発言が、安田の内なる成長を導きだすことになるのか、教員たちも考え、悩みながら発言していたのだろう。

「教師自身がことにむかって歩んでいく道のり。子ども自身に歩んでいってほしい道のり。そして、その重なりをどう紡いでいくか、難しいものです」
と、馬淵は結んでいた。

伊那小の子どもたちは総合学習・総合活動をつうじて、教科書だけでは学べないことを、経験し、悩み、考え、吸収している。それは、教員でも同じことなのだ。経験し、悩み、考え、吸収していく。そうした教員との生活が、子どもたちの成長につながっていく。学習指導要領だけではできない教育を、伊那小の総合学習・総合活動は実現している。ぜひ、数年後に成長した安田と会ってみたい。

第4章

学習塾の手法導入と山村留学

――北相木小学校の学校づくり

疑問からのスタート

「子どもたちの表情、目つきを見てください、と私はいうんです。集中して取り組む姿勢とか、そうしたものを見てもらえば、納得できるはずです」

と語るのは、長野県北相木村立「北相木小学校」校長の日向忠久だ。同校は、学習塾「花まる学習会」と提携している。日向は続けた。

「その成果について、保護者からも、近隣の学校の先生方にも訊かれるんです。しかし、花まる学習会とやっていることは、ただテストの点数を上げることが目的ではありません。漢字とか地図とかの学習も盛り込んでいるので、結果的に、テストの点数につながっているかもしれません。でも、それが目的ではなく、あくまで目的は子どもたちの学習に対する姿勢を前向きにすることにあります。

そういうものは、テストの成績といった数値で示すことはできない。だから、『子どもたちの表情を見てくれ』というんです。子どもたちの目の輝きを見れば、効果は実感できるはずですよ。そういうと、見学された先生方はみなさん、『なるほどね』と納得して帰っていかれます。北相木小が花まる学習会と一緒になってやっていることは、農業でいえば『土壌づくり』です。子どもたちが学習に前向きになる、生きることに前向きになる『土壌』をつくっているんです」

土壌づくりは、目先のテストの成績などより、よほど子どもにとっては重要なものかもしれない。しかし土壌づくりは、花まる学習会のような学習塾と組めば、簡単に実現できるというものでもない。花まる学習会との提携は、日向が赴任してきたのは四年前だったが、その前から始まっていた。ただし、日向が赴任してきたときには、現状のような「土壌づくり」にまではなっていなかった。

「赴任してきたばかりのときは、まさか、こんなふうに展開していくとは、私もおもってもみませんでした」

と、日向はいった。そして、彼が赴任してきたばかりの北相木小と花まる学習会との関係を、次のように語りはじめた。

「花まる学習会からは月に一度だけ講師がやってきて、各クラスを指導して帰っていきます。外部講師がやってきて、なんかおもしろいことをやっている、くらいにしか教員たちは受け取っていないようでした。子どもたちは、変わったことをやってもらえば楽しい。けれど、それもマンネリ化してきて、興味を失っている、といったふうに私は感じました」

教員も子どもたちも、花まる学習会の授業を積極的に受け止めていたわけではなかったのだ。だから日向は、「これで、どんな力が子どもたちにつくのか」と疑問におもっていたという。とはいえ、「花まる学習会との提携は村の教育委員会の方針でやっていることなので、校長がどうのこうのといえる話ではない」と前任の校長に釘を刺されていたので、あえて手をつけるわけにもいかなかった。

そんな日向と同じような疑問をもっていたのが、彼と同時期に北相木小に赴任してきて、研究主任も務めていた太田潤だった。

「ここに来たのは二〇一二年の四月で、花まる学習会との提携が始まって半年ちょっとくらい経っていたころでした。赴任前にあいさつに来たとき、当時の校長から『こういうことをやっている』と聞かされていたので、少しは勉強してから赴任してきましたが、私が事前に理解していた花まる学習会の授業と北相木小でやっていた授業とは違っている気がしました。北相木小では、〝花まるっぽいこと〟をやっているな、言い過ぎかもしれませんが、ただ形だけを真似ている、といった印象を私はもちました」

たとえば、「サボテン」という花まる学習会が開発した計算練習がある。同じ問題を、一定の時間内にスピード感をもって解く練習を繰り返すものだ。計算力は反復によって身につく、との考えに基づいている。他人と競うことが目的ではない。同じ問題を繰り返すことで、計算が正確に、早くなっていく自分自身を実感することで自信をつけ、学ぶことに楽しさをみつけさせるのが目的だ。クラス全員が一緒に取り組むことでスピード感を重視する環境をつくることができるし、それによって集中できる。それでこそ効果もある。

ところが太田が赴任してきたばかりの北相木小では、そのサボテンを普通の宿題にしているような状況だった。それでは、いちばん大事なスピード感を得ることはむずかしい。ということは、花まる学習会がほんとうに狙っているところは実現できていないことになる。まさに、形だけを真似ているだけにすぎなかったのだ。

その関係が急速に深まり、花まる学習会の学習方法が、現在では北相木小の特色のひとつにまでなってきている。形を真似るだけ、に終わらなかったからだ。

「メシが食える大人を育てる」とは？

その花まる学習会と北相木小の関係を理解するには、花まる学習会について語っておく必要があるだろう。埼玉県さいたま市に本部を置く花まる学習会は、子どもを「メシが食える大人に育てる」を信条としている。これはどういうことか。

モンスターペアレンツという言葉が、いまでは普通に使われるようになってしまっている。たとえば子ども同士のケンカでも親が当然のように口を挟んできて、ケンカさせるのは学校の責任だとばかりに自己中心的な解釈で苦情をもちこんでくるような親が、モンスターペアレンツである。「怪物のような親」だ。その存在が、現在の学校現場では幅をきかせつつある。価値観の違う子どもたちが集まればケンカくらいはあって当然だが、親が口を挟むから大ごとになる。そんな事態を学校としては避けたいので、子どもたちがケンカになるような状況をつくらないように努めることになる。

そのため、個性と個性がぶつかるようなシーンを避けるということを優先するようになる。みんなに同じことをやらせて、問題が起きないように管理することに学校は力を傾注するわけだ。モンスターペアレンツだけでなく、何か事件が起きれば、マスコミまでもが必要以上に騒いで学校の責任を問い詰めてくるような風潮のなかでは、学校も教員も過剰防衛せざるをえないようにおもえる。

それで子どもたちを完全に管理できていればいいのかもしれないが、そんなことは絶対にありえない。個性のぶつかりあいは中途半端になり、子どもたちは不満のかたまりになる。それが陰湿なイジメへとつながっている可能性も高い。そこばかりがクローズアップされて、さらに子どもたちを抑え込む方向へと向かわせるという悪循環になっているのも現実のようだ。

そんな子どもたちが、学校を卒業してでていかなければならない社会というものは、個性と個性がぶつかりあう場でしかない。親が過剰に我が子をかばうこともできなければ、個性と個性がぶつかって問題が起きるのを監視している教員という存在もいない。管理されることに馴らされる学校生活を送ってきた子どもたちがそんな社会に放り出されたら、生きていけない。社会で生きていけなければ、メシを食っていけなくなる。メシの食えない大人たちばかりが増える社会は、もはや絶望的でしかない。

そんな時代だから、花まる学習会の「メシが食える大人を育てる」という信条には意味がある。

花まる学習会代表の高濱正伸は、東京大学大学院修士課程修了という、日本の親には憧憬の念でうけとめられるであろう学歴をもつ。高濱は一九五九年に熊本県人吉市に生まれ、県立熊本高校を卒業後の一九八〇年に東京大学理科二類に入学、一九八八年に同農学部を卒業して同大学院農学系研究科に入学、九〇年に同研究科修士課程を修了している。その学歴を背景に自らの勉強法を伝授する学習塾なのかと思ってしまうが、この学習会が信条とする「メシが食える大人」とは「学歴社会を生き抜いていく大人」ではなく「多種多様が本質の社会を生き抜く力のある大人」の意味である。

自立できない子どもたち

以前、大手学習塾の経営者たちを取材したことがあるが、彼らを学習塾経営に向かわせている大きなモチベーションは、「儲かる」ということだった。

一九六七年に都立高校入試で「学校群制度」がスタートした。それまでは一校ごとの入試だったものが、二〜三校が「群れ」をつくり、その群れとして選抜試験を行って合格者を均一に振り分けていくのが学校群制度である。特定の高校に志望者が集中するのを避け、学校間の格差をなくすのが制度の目的だった。

しかし、この制度は評判が悪かった。一部の高校に志望者が集中するのは、その高校が「名門」だったからである。名門の意味にもいろいろあるが、ここで名門とされる最大の理由は一流大学への合格率の高さだった。一校だけの入試なら、そうした名門にふさわしい資質、つまり一流大学に合格できる資質のある者だけが選抜されることになる。だから、高い合格率も維持できていたといえる。

それが、学校群制度が導入されたことによって他校と均一化されてしまうと、資質的に劣る入学者もでてくる。そうなると高い合格率は維持できなくなり、志望者も減ることになった。それを指して、都立高校の地盤沈下などといわれたものである。

そして都立の名門を目指していた志望者は、私立の名門を目指すようになった。ここでの名門も、一流大学の合格率の高さを指す。私立の場合、中学から高校への一貫校も少なくないため、高校からではなく中学からの受験者も増え、その入試に合格するには学校の授業だけでは間に合わないとなって、小学校から学習塾にかよう子どもたちが増えた。それで学力に差ができはじめると、我が子を落ちこぼれにさせまいとして学習塾通いをさせる親が増え、学習塾ブームとなっていった。こうして学習塾は儲かる産業となり、株式市場に上場する学習塾までが登場するようになったのだ。

もちろん、学習塾のすべてが合格率第一主義をとったわけではないが、上場するほどの大手となると、まちがいなく合格率の高さを看板にした。そのために、有名校の合格者数をこれみよがしに表にはりだすのは、学習塾の常套手段となっている。そうしたほうが塾生を集められたし、そうしなければ大きな儲けにはつながらなかったからである。そうしたところが学習塾が批判される一因になっているのも事実だ。

花まる学習会は、すでに大手の学習塾が大きなシェアをもちはじめていた一九九三年にスタートする。ただし、大手の仲間入りをすることが設立の目的ではなかった。設立のきっかけを、代表の高濱は次のように語った。

「大学生のころから予備校で講師のアルバイトをやっていたんですが、そこには、言われたことはやるが自分から積極的に取り組もうとはしない学生がたくさんいました。自立できていないんです。これで、大人になって食っていけるのか、ほんとうに心配になりました。そういう学生が、中堅と呼ばれる予備校にはごっそりいました。それがきっかけでした」

子どもを自立させていくのは、教育の大きな目的の一つである。しかし、小学、中学、高校と教育を受けてきても自立が心配される子どもたちが、高濱の目の前にはたくさんいたのである。そのときに高濱がいた環境が特殊だったわけではなく、周りに聞いてみても、そういう子どもが多くいた。引きこもりも社会問題化しつつあり、それも自立できないことが最大の原因だと高濱は考えた。

「同じ予備校の講師仲間にも相談しましたよ。こんな自立できない状態では、あの子たちの将来が心配だよ、ってね。しかし、戻ってくる答えは同じでした。自立させるのが予備校の仕事ではないし、自分たちは彼らを合格させれば役目は終わりだ、というものです」
予備校の講師としては当然の割り切り方だろう。学習塾の講師であっても同様だろうし、利益を第一に考える学習塾の経営者にとっても当然の考え方である。そうした状況では、自立を看板にしても利益につながらない、利益につながるのは合格だけだからだ。親も子どもも、学習塾に求めていることの多くが、それだからでもある。

悶々とする高濱の背中を押したのは、高濱が夏休みだけ泊まり保育のアルバイトをしていた埼玉県川口市でも有名な幼稚園の園長だった。子どもたちに必要なのは大人になって食っていける力だという高濱の考えに賛同し、それを看板にして学習塾を開いても子どもたちを集められないと躊躇している高濱に、「それなら、うちの卒園生を紹介する」と提案してくれたのである。そして、花まる学習会がスタートしたのだ。

花まる学習会の教育

自立がテーマといっても、ほかの学習塾とまるで違うことをやったわけではない。花まる学習会の授業も、国語や算数といった学科もやる。

ただし、多くの学習塾がやっている、そして現在では多くの学校の授業がそうなってしまっているような、ただ点数の取り方を教えることはしない。単純に言ってしまえば、自分で考えて答を導きだしていくことに主眼をおいた内容とすることに工夫した。

そのために教材のプリントも、高濱が自ら工夫しながら手作りしていった。市販の教材はいくらでもあったが、大半が点数をとるためのトレーニングのための教材であり、彼が考えるような、自分で考えながら答にむすびつけていくようなものではなかったからだ。

そして、ほかの学習塾にはない、花まる学習会の最大の特徴であり高濱のいちばんやりたかったものが、「野外活動」だった。日帰り、または泊まりがけでのキャンプや山遊びに子どもたちを連れて行くのだ。

「野外活動では、子どもたちが自分たちで仲間をつくり、遊び方を工夫する。それは、小さな社会なんです。社会を経験することで、社会で生きていくための知恵を身につけることができる。つまり、大人になっても食っていける力を養うことになるんです」

と、高濱はいう。学校でも野外活動の授業があっても、そこでは問題が起きないようにすることを学校は優先する。責任を問われることを必要以上に気にするからである。いっぽう花まる学習会の野外活動は、あくまでも子どもたちが社会を経験することを重視する。だから、必要以上に管理しない。

しかし、花まる学習会の経営は早々に危機に陥ることになる。高濱が語る。

「月謝は七千円で、週二回、時間は好きなだけいてもいい、という条件でやったんです。講師がしゃべるだけの授業ではなくて、自分でプリントの問題を解いていく内容ですから、いくらでもやれるわけです。

しかし時間がズルズル延びれば、講師の給料は増えていきます。生徒数は二〇人しかいないのに、五人に一人の講師をつけていましたから、人件費がたいへんでした。それに、場所代も電気代もかかる。たちまち赤字が積み重なっていきました」

そこで、すぐに条件の見直しを実行する。週一回にして、時間も一時間半を限度としたのだ。月謝はそのままだから、単純に考えれば、サービス内容を半分にしてしまったことになる。

それでも、五人に一人の講師体制は変えない。子どもたちが自分で考えて答を導きだしていくといっても、そこには適切なアドバイスが必要になるからで、それが講師の役割だからだ。一人あたりの受け持ち人数を減らしてしまえば、その大事な役割を講師が果たせなくなる。それは花まる学習会の方針に逆らうことになるわけで、絶対にできない。そこを見直す気も、高濱にはまったくなかった。野外活動を止めることなど、考えもしなかった。

「スポンサーの会社からは怒られるし、プレッシャーもかけられましたね。教材なんか市販のものを使えばいいいし、講師の数も減らせ、ってね。野外活動だって、一件でも事故が起これば経営そのものが終わるんだからリスキー過ぎるといって大反対でした」

といって、高濱は笑った。それでも方針は変えず、自らの方針を守りつづけた。それを理解したのは、親たちだった。花まる学習会の方針に賛同を示す親が増えはじめ、定着していった。ようやく経営が黒字になったのは、スタートから三年が過ぎて、生徒数が三〇〇人を超える規模になってからのことだったという。

野外活動を重視するからといって、花まる学習会が学習面をおろそかにしているわけではない。そんなことをしたら、学習塾として親の信頼は絶対に得られない。テストで点数をとらせることは難しくない、というのが代表の高濱の持論でもある。

とはいえ、花まる学習塾が重視しているのは、テストで点数をとるための〝技術〟ではない。あくまで「メシが食える大人」を育てることだ。そのために必要なことは、目先のテストでの成績や、入学試験に合格するための力ではなく、しっかり自分で考え、自分で答をだしていく力を養うことである。その力があれば、テストや入学試験も乗り越えられる、という考えだ。だから花まる学習会は、そこに力をいれている。

公立校教育と花まる学習会の融合

そうした花まる学習会の方針を、赴任前に読んだ本で、太田も知ってはいた。といっても、それを認め、評価するところまでには至っていない。本を読んで知識を仕入れただけであり、「なるほど」とおもうところはあっても、花まる学習会を全面的に支持するほどの入れ込みはなかった。まだよくわからなかったのである。当然だ。

それでも、校長でさえ口を挟めない村の教育委員会の方針として、花まる学習会との提携は決まってしまっている。それを教員として無視するわけにもいかない。無視するという手もないわけではないが、そう判断するにはもったいないものがある、ともおもっていたのだ。

「それなら、本来のサボテンのやり方でやってみようとおもいました。私がやってみて良いと感じられたら、ほかの先生方にも広めてみようとおもったんです」

と、太田はいった。そのとき彼が担任していたのは、二年生のクラスだった。そこで、花まる学習会流の本来のサボテンにちかいかたちで、半年間やってみた。宿題にするのではなく、学校で時間を計りながら、きちんとしたサボテンをやったのだ。

「そうしたら、算数が苦手だっていっていた子が、苦手意識も薄らいでいくし、計算も速くなっていく。積極的に取り組むようにもなる。繰り返しやっていると正確に計算できるようになるし、スピード感がでてくることで、『オレってできるんじゃないの』という上向きのパワーがわいてくるんでしょうね。これがサボテンの効果かもしれない、とおもいました。それからは、来てもらっている花まる学習会の講師に授業の進め方などを積極的に質問したりするようにもなり、前向きになりました」

さらに二〇一三年四月、太田は東京の花まる学習会の教室まで出かけていく。本来の花まる学習会の授業を、自分の目で確かめるためである。そこで、「ほんもののスピード感」にも触れて刺激をうけ、花まる学習会流を北相木小の教育に取り込むことへの確信もできた。それまで花まる学習会から教えられた授業はパズル系のものばかりだったが、東京の教室では言語系のレッスンもやっているのを知って、大いに興味をそそられた。

ただし、花まる学習会のやり方をそのまま導入すればいい、と考えたわけではない。北相木小は公立の学校である以上、文部科学省の定めた学習指導要領を無視するわけにはいかず、あくまで、これを主流にしながら、花まる学習会的なものを導入するということになる。それに、じっくりゆっくり教えるというのが、これまでの公立の授業スタイルだった。それを、スピード感を重視し、間違っても先にすすめていく花まる学習会的なものに、すべての学科を完全に転換するのは無理もある。

花まる学習会から学ぶべき要素を、いかに北相木小の教育のなかに取り込んでいくか、それには工夫が必要なのだ。それは、花まる学習会も教えてはくれない。自分たちで考えていかなければならないことだった。

「そのための勉強会を始めました。といっても最初は、花まる学習会の講師と私、それに教員では新津由紀先生くらいで、こぢんまりとした勉強会でした」

と、太田は笑う。新津は、やる気あふれる北相木小の教員たちのなかでも、そのパワフルさが目立つ女性教員である。

「スピード感のある花まる学習会流に衝撃を受けたし、新しいことはやりたがり屋なので、積極的に取り組んだのかもしれないですね」

と、笑いながらいった。もしも、太田だけの取り組みだけであれば、それが長続きしたかうか疑問である。新しいことへの取り組みには、何事であれ、やはり仲間が必要なのだ。学校の世界でも、それは変わらないはずだ。

二〇一四年になって、勉強会に北相木小の全教員が参加するようになっていく。一人、二人と増えていき、気がつけば全員の顔がそろっていた。大きなきっかけは、花まる学習会の西郡文啓が参加するようになったことだった。

「それまで来てもらっていた花まる学習会の講師に、『新しいこともやりたいし、この学校をプロデュースするくらいの勢いで花まる学習会の講師にやって欲しい』と相談したんですよ。そうしたら、『学校全体のことまで考えてやろうという、おもしろいスタッフがいますから、彼を紹介しますよ』といわれたんです。それが西郡さんでした」

西郡は花まる学習会の創業者である高濱正伸とは高校が同じで、それが縁で創業当初からメンバーに加わった一人でもある。「学習塾って必要なのかな、と考える時期もありました。それでも、やるなら他の学習塾とは違う、もっとマシな学習塾をやろうとおもって参加しました」という西郡は、「日本の教育をよくしたい」と真剣に考えつづけている熱い人でもある。「マシ」とは、ただテストでの点数をとらせるだけでなく、人として成長させる質をもっている学習塾、という意味だ。

そうだから、北相木小で熱心に取り組んでいる太田たちの話を聞いて、無視できるわけがなかった。子どもたちのことを考え、決まり切った枠にとらわれない教育を目指している教員たちを、放っておくわけにはいかなかったのだ。西郡は二つ返事で引き受け、北相木小にやってくるようになった。

「化学反応」でチームが活性化

その西郡が、北相木小を変えるきっかけとなった。とはいっても、彼が北相木小の教員たちに細々と指示したわけでもないし、指導したわけでもない。花まる学習会のノウハウを、懇切丁寧に教えたわけでもない。

彼がやったことは、「教員たちが自ら学ぶ場」をつくったことだった、といえる。

「最初に西郡さんが来て勉強会をやるときに、教員に『来ませんか』と声をかけたんです。みんなも花まる学習会のやっていることに反発していたわけではなく、むしろ関心をもっていたので、数人が集まってきました」

と、太田。それ以来、西郡がやってきての勉強会に参加する教員が増えていき、すぐに全員が参加するようになったのだ。前述したように、西郡が細かいテクニックを教えるわけではない。それでも、全員が欠かさず参加するようになる。

「なぜなのか、あらためて問われると答えに困るんですが、『西郡マジック』ですかね」

そう言って、太田も少し考え込んでしまった。それから、自分自身に確認するように、次のように語った。

「西郡さんとの勉強会では、夢のある話ができるんです。西郡さんがアイデアをだすというのではなくて、彼がちょっと話をふると、それにみんなが意見やアイデアを次から次にだしてくる。あれもやりたい、これもやりたいとなって、議論を重ねていく。そして、それが実現していく。そんな感じですかね。ものごとが始まるとき、チームが一丸になれるときの空気感ってあるじゃないですか。あれがありました」

西郡は、一見すれば、失礼ながら「ただのオジさん」である。威張ったところもなければ、カリスマ的でもない。その話し方には、上から目線とは対局の謙虚さがある。それでいて、語る内容はストレートであり、静かな口調ながらも情熱を感じる。対面している相手が、思わず話に引き込まれ、前向きに対応しなければと思ってしまう、そんな魅力をもった人物である。

その西郡に北相木小との関係を尋ねると、彼は迷うことなく、次の一言を返してきた。

「私の役割は『触媒』です」

自身は変化をしないが、他の物質の化学反応のなかだちとなって、反応の速度を速めたり遅らせたりする物質、それが触媒である。西郡という触媒が加わることで、北相木小の教員たちは、自ら化学反応を始めたのだ。自ら学ぶ姿勢になったと言ってもいいだろう。

教員だから、もともと子どもたちのことを誰よりも真剣に考えているはずであり、教育に情熱をもっているはずである。その元来もっているものが、西郡という触媒によって抑えておけないほどに大きくなり、沸々と表にでてきた、と表現したらわかってもらえるだろうか。西郡が続ける。

「大事なのは『チーム』だと、私は考えています。一人ではできなくても、チームになることでいろんなアイデアがでてくるし、行動にも結びつくんです」

一人では、化学反応が起きても、簡単におさまってしまいかねない。一人では、大きな変化につながりにくい。それがチームだと、互いの化学反応が刺激し合い、さらに新たな化学反応につながっていく。化学反応は止まらなくなるし、大きく広がっていく。

西郡という触媒は北相木小で、一人ひとりの化学反応を引き起こしただけでなく、チームとしての化学反応を引き起こしていく。上から目線でチームづくりを命令したところで、とても力を発揮するチームができるものではない。自然にまとまって、大きな力を発揮できるチームができていく雰囲気づくり、そして的確なアドバイス、触媒としての西郡の役割は、そんなものだったのだろう。それによって、北相木小の教員たちが個々にもっていた力が引きだされ、合わさって、大きくなっていったのだ。

正規の授業時間は使わない

そこから、花まる学習会流の良い部分を取り入れて、その枠に収まりきれない、北相木小流の活性化プログラムをつくっていく流れができていく。その典型が、「モジュール」を取り入れたプログラムもつくりあげていることだろう。テンポのある音読などによって脳の活性化をはかるのが、モジュールである。

「これも、勉強会での西郡さんの発言がきっかけでした。『後腐れなくパッパカパッパカやりたいね』と西郡さんがいったときに、私の頭に浮かんだのが立命館小学校でやっているモジュールでした。脳を活性化させて授業にのぞもうという考え方は、花まる学習会のやり方もモジュールも共通しているようにおもえましたしね」

と、太田は説明する。そのモジュールを学ぶために、彼は京都の立命館小にも足を運んでいった。それを校長も許可した。もちろん、学びはするが、そのまま真似るのではないのが北相木小流である。

「モジュールにサボテンや四文字熟語といった花まる学習会のノウハウを加える工夫をしています。だから、ただのモジュールではなく『花まるモジュール』と呼んでいます。

それも、花まる学習会のテキストをまるまる使うわけではありません。どんな四文字熟語を選んだらいいのか、子どもたちの様子をみて選択し、ちょっと難しそうだとおもったら替えてみたりと、いろいろ試行錯誤しながらきめていきます。どういう内容にしたらいいか、どうやったら子どもたちを夢中にさせられるか、そのギリギリの線を狙って工夫していきます」

といって太田は笑った。花まる学習会からだけ材料を引っ張ってくるわけではない。教員の松倉邦幸は、次のように語った。

「音読も取り入れたいねという話になって、『それならこんなのがあるよ』と私がもちだしたのが、前任校で私がつくった音読用のテキストでした。そこからモジュールに合うものをとりだして、それを活用しました」

それも、そのままずっと使いつづけるわけではない。子どもたちの様子をみながら、また教員の個性によって使いやすい別の文章をもってきたりと、話し合いのなかでどんどん変化してきている。いろいろ相談し、アドバイスしあえるチームがあるから、そうした工夫の積み重ねも可能なのだ。自分たちに合わせた教材になっているのだから、子どもたちが夢中にならないわけがない。夢中になれたら、当然ながら効果も大きくなる。

その花まるモジュールは、北相木小の時間割では週に三回が組まれている。正規の時間としてではなく、朝の始業前の一〇分間に行うようになっている。花まる学習会のものを北相木小流に改良した「花まるタイム」も、正規の授業ではなく二時間目の後の長い休み時間、といっても一五分だが、そこを使って週に二回が組まれている。

正規の授業時間は、あくまで公立学校として学習指導要領を重視した時間割になっている。それ以外に時間をつくりだして、花まるタイムなどを設けるのだから、そう長い時間をとることはできない。花まる学習会の授業をそのままやっていたのでは、とても時間が足りないことになるのだ。

「すべてを花まる学習会的にやるのは難しい。教科書もあるし、学習指導要領もありますからね。それに、すべてを花まる学習会流にしてしまっていいのか、という基本的な疑問もありますからね。そういうことも考えながら、私達が考えて工夫していくしかない」

太田もいった。新しいことは簡単にはできないのだ。だから、短時間で、しかも子どもたちが興味をもってくれるように、中身をどんどん改良している。それが北相木小流でもある。

一方で、教員の負担は大きくなってくる。よく言われる教員の忙しさは北相木小も例外ではなく、一日学校にいて教員たちの動きをみていても、まさに「飛びまわっている」という表現がピッタリくるほど走りまわり、動きまわっている。そんななかで正規の授業ではない花まるモジュールや花まるタイムをこなし、しかも、そのために集まって勉強会を開き、どんどん独自の工夫を積み重ねている。

余計なことはさせるな、と教育委員会に文句のひとつもいいたいところではないだろうか。教員たちも、本気のところでは、花まるタイムなどやりたくないのではないだろうか。それを太田に質問してみると、にっこり笑いながらの答が戻ってきた。

「たいへんです。忙しいのは嫌なんですが、それでも楽しさが勝っちゃってるんですよね」

楽しいから、やれるのだ。楽しいとおもえるから、教員はたいへんでもやれてしまう。教員が楽しんでやっていることを、子どもたちも楽しいとおもえないわけがない。子どもたちが楽しんでいて、なおかつ成長が実感できるとすれば、教員はやってしまうのだ。それは、北相木小の子どもたちの表情を見ていれば、わかる。校長の日向が「子どもたちの表情を見てください」という意味が、よくわかるのだ。

学習指導要領との両立

北相木小の独自性は、教室のなかだけにあるのではない。山に囲まれた北相木小にいると、緑が生活の背景色なんだ、と実感させられてしまう。ビルに囲まれた生活とはまるで違う、心の豊かさのようなものに浸っている気分になれてしまうから不思議だ。

学校のすぐ近くには川が流れている。学校には立派なプールもあるのだが、子どもたちの水泳の時間は、もっぱらその川が舞台である。

わたしが訪問した日にも、三年生が川で泳いでいた。川にかかった橋の上から眺めていると、子どもたちはいくつかのグループに分かれて、いろんなことをやっている。川のなかの魚らしいものを追っている子どもたち、石をもちあげて何やら探している子どもたち、強制的にグループをつくらされて、指示されたことをやっているといったふうではない。めいめいが好きなことをやっていて、それで自然にグループができているようだった。遊んでいた、といったほうがいいかもしれない。

そこに五年生が合流してくる。それで三年生と五年生が別々に行動するのではなく、一緒になって遊んでいる。そのなかで五年生が三年生に何かを教え、質問しているのか三年生の子が五年生の子にいっしょうけんめい話しかけている。子どもたちは、青空のもとで、学びあっているのだ。

「いまは体育の時間ではないんですけどね。暑いから川遊びの時間にしようか、って子どもたちがいうもんですから。『その代わり、あとで算数はスピードアップしてやるぞ』って確認はとっていますけどね」

わたしといっしょに橋の上から子どもたちを見ていた、五年生を担任している松倉が、笑いながらいった。教員と生徒の信頼関係が、そこには感じられた。教科書だけでは築けない信頼関係、そして教科書からは吸収できないものを学ぶ場が、そこには確かに存在していた。

前述したように、花まる学習会は野外活動を重視している。もともと北相木小では自然のなかから学ぶことを大事にしていたが、そこに拍車がかかっているのは、花まる学習会と無関係ではない。それは都会の学校に通う子どもたちには経験することができない、北相木小でなければ経験できないことでもある。

自然のなかでの体験を重視するからといって、北相木小の教員たちが学習指導要領を無視するようなことは、絶対にない。他の学校と同じように、教員たちは学習指導要領に沿った授業も大事にしている。

「川遊びはやらないんですか。こんな暑い日だから、子どもたちも喜んで川にはいってますよ」

教室に引き揚げるとき、すれ違った六年生の担任に松倉が声をかけた。すると、声をかけられた教員は、笑いながら松倉に返した。

「ちょっと授業が遅れてますからね。子どもたちは不満のようですが、きょうは授業優先の日です」

学習指導要領を大事にしながら、しかし、それだけに終わらない教育が北相木小では行われている。そこに、花まる学習会的な授業までが加わっている。こうした柔軟性に富んだ授業がやれるのは、実は北相木小が全校生徒が五三人、一学年一学級という小規模校だからなのかもしれない。教員数も少ないからこそ、活発に意見交換もできるし、学びあえる勉強会も組織できている。だからこそ、花まる学習会流もとりいれた、独自のスタイルを確立して、「特色ある学校づくり」に成功しているともいえるのだ。

学校存続の危機

北相木小が特色ある学校づくりをすすめるについては、小規模校という事情が大きく影響してもいる。

北相木村は群馬県と接する長野県にあり、周囲を秩父山系や御座山などの高山にかこまれ、年間平均気温が摂氏九・三度、真夏でもクーラーなど不要な土地柄だ。面積は五六・三二平方キロメートルで、九割を山林が占めている。産業は農業や林業が主体で、村の人口は八一七人でしかない。さらに、過疎化はすすみつつある。

子どもの数も増えるわけがなく、減る一方だ。そのため中学校は、単独で存続できなくなり、隣接する小海町と中学校組合をつくり、村の中学生は小海町にある組合立小海中学校に通学している。つまり、北相木村から中学校はなくなってしまったのだ。

「もともとが小さな村で、小学校は一学年一クラスでしたが、私が小学生のころは同級生が三六人もいた。それがいまでは、全校で五〇人ちょっとですからね」

と語るのは、北相木村教育長の井出利秋である。その生徒数も、二〇一〇年には全校で二八人という状況にまで落ち込んだ。三人しかいないクラスが三つもあるという状態だった。この状況に、保護者から隣の小海小学校と統合させる請願書が議会に提出されたことがある。それに対抗して、統合に反対する請願書も提出される事態となった。

「村がまっぷたつに割れて、議会も悩みました。悩みに悩んだ末に、議会で統合案が採択されました。そこから、村と教育委員会が本気で取り組んだのが山村留学事業だったんです」

都会などから山村にある学校に子どもたちを留学させるのが、山村留学である。北相木村では、一九八七年から山村留学事業を開始し、そのために留学生が滞在する宿泊施設も設けている。その目的は減りつづける子どもの数を山村留学生で補い、それでもって学校を存続させることにあった。

事業を始めた最初の年の留学生は八人で、その後も一〇人くらいを集めていたが、全校生徒が二八人にまで減った二〇一〇年には留学生は三人にまで落ち込んだ。留学生が急減しことが、全校生徒が落ち込む原因にもなっていた。そこで、村から小学校が消えてしまう統合の話が浮上してきたのだ。

それまで北相木村の山村留学事業は、全国的に山村留学事業を展開している団体に委託していた。ここが留学生を募集し、北相木村に送り込んでいたのだ。その団体が、北相木村から手を引いてしまった。子どもが少なくなったために学校の存続が危うくなる地域は、北相木村のほかにも数多く存在する。そうしたところに団体が留学生を割り振っているが、留学希望者が多いわけではない。少ない留学生をどこに割り振るか、団体としても効率を考えるしかない。効率が悪いところからは手を引かざるを得ないわけで、その一つが北相木村だったのだ。

留学生が減りつづければ、村議会で採択されている統合案を実行に移すしかなくなる。そこで教育委員会が立ち上がることになる。山村留学で実績のある人物を村の職員として雇い、そのネットワークを利用したり、必死の広報活動をやることで、なんとか留学生を集めていく。そうした施策の一環として、花まる学習会との提携があったのだ。

自然環境の良さだけをアピールしても、肝心の学校そのものに魅力がなければ、留学生は集められない。特色のある学校づくりが留学生を集め、ひいては、学校を存続させることにつながる。その特色づくりを、民間の学習塾と提携することで実現しようとしたのだ。たまたま日向の前任だった校長が花まる学習会を知っていて、そこから花まる学習会との関係が生まれた。花まる学習会的なものも、ひとつの特色になると考えたからだ。

留学生を受け入れるには、当然ながら経費が必要になってくる。留学生の主な生活の場となっている山村留学センターには六人の職員が働いているが、その人件費だけでもけっこうな金額だ。センターでの生活だけでなく、留学生が農家などに泊まって地元の人たちと交流するプログラムも組まれている。受け入れ側にタダで協力しろというわけにはいかないので、じゅうぶんではないにしろ協力金を払っている。そうした経費も必要になってくるのだ。

もちろん、留学生からは費用を徴収している。しかし、かかる経費は大きいので、全額を負担してもらうというわけにもいかない。費用がかかりすぎるとなれば、留学生も集まってこないだろう。留学生を招くために、村としての負担も少なくない。

二〇一四年の留学生は小学生だけで二一人、統合した小海中学校に通う留学生も二人いるので、合計二三人の留学生がいた。彼らから得られる収入は一八〇〇万円ほどで、対して、村が山村留学事業に計上している予算は四五〇〇万円にもなっていた。大幅な赤字事業なのだ。

それほどの赤字をだしてまで、なぜ事業を続けるのか。そんな素朴な疑問をもたざるをえない。地方自治体であっても、赤字の事業は抑えなくてはならない。赤字であってもやるには、それ相応の明確な理由がなければならないはずである。その疑問を教育長の井出にぶつけると、次の答が戻ってきた。

「だってね、小学校がない自治体なんて、それこそ存在する価値がないじゃないですか。子どもたちの声が聞こえなくなって老人ばかりの村になったら、あっというまに合併ということになる。北相木村を残したい。それには小学校が必要だし、そのためには山村留学事業が重要だし、それを成功させるためには、花まる学習会との提携による特色づくりがカギを握っているんです」

子どもたちの留学生活

わたしが北相木小を訪ねたとき、小学生だけで二一人という多くの留学生がやってきていた。そこには、花まる学習会と提携していると聞いてやってきた子どもも少なくない。花まる学習会との提携が、北相木村の留学生受け入れに貢献していることはまちがいない。繰り返すが、北相木小では花まる学習会的なことばかりやっているわけではない。一日中、花まる学習会的な学習ばかりをやっていると期待してくると、その期待は裏切られることになる。

留学してくる子どもたちは、花まる学習会的なものだけに期待してくるわけではない。自然にかこまれた環境の知らない土地での生活に期待してくる子どもが多い。

「留学で大事なことは、まず子どもの気持ちです。小学生だから、まず留学のきっかけは親です。だから、希望者にはセンターに一泊してもらって、学校に通ってみて、体験してもらう。そのうえでやりたいと子ども自身が納得したら引き受けます」

と説明するのは、留学生が寝泊まりして生活する村立の山村留学センターで主任指導員を務める山田隆一である。体験もせずに、子どもも納得しないまま留学しても、うまくいかないケースもでてくる。数を集めたい気持ちが勝てば、子どもが納得しないまま引き受けてしまうこともあるだろう。それでは子どもたちにとっても、北相木村にとっても、いい結果にはつながらない。だから一泊だけはであっても体験してもらい、それで子どもと村の双方がだいじょうぶかどうか見極めるのは、かなり大事なことなのだ。

とはいえ、小学生が親元を離れて生活するのだ。ここではテレビもなければマンガもない、お菓子すらない、携帯電話などもってのほか、という生活になる。余計なものに邪魔されず、せっかくの自然とのふれあいを大事にしたい、との考えからだ。そうしたことも覚悟してきたものの、想像したのと実際は違うことだって当然ながらある。ホームシックだって、誰もが経験する。それでも、子どもたちはたくましい。

「新しく留学してきて、送ってきた親が帰るとなって、泣きじゃくって、どうしようもない子もいました。どうなることかって、私たちも心配したんですけどね。親が帰っても泣いていたんですが、三〇分もすると、ケロッとして友だちと遊んでいましたよ。心配した親から電話がかかってきたんですが、『ケロッとして遊んでいますよ』って答えたら、親御さんのほうがビックリして、声もなかった」

そういって、山田は笑った。それと似たり寄ったりのシーンが、最初のころは留学生の誰にでもあるのだという。それでも、子どもたちは環境に慣れ、北相木村での生活を楽しむようになるのだ。

山村留学センターの仕事は、ただ子どもたちの食事の世話をしたり、生活の場を提供して学校に送りだしているだけではない。子どもたちが北相木村に早く馴染み、より楽しめるように、村の祭りに連れて行ったり、いっしょになって農作業をやってみたりと、いろいろなイベントを企画している。そういうことも含めて、北相木村での山村留学が魅力的なものになっているのだ。

だからなのか、食事の時間も入浴の時間もきっちり決められている生活でも、留学してきている子どもたちには、どこかのびのびしたところがある。突然の訪問者であるわたしにも、いろいろ話しかけてくるし、いろいろなことを教えてくれた。

「学校の帰りに、よく道草する。田んぼに寄ったりすることが多いよ。そこでカエルとかつかまえて遊ぶんだよ」

横浜から留学してきているという、四年生の女の子が教えてくれた。「えっ、カエルをつかめるの?」と質問すると、「横浜にいるときはダメだったけど、ここにきてから、つかめるようになった」と、その子は答えた。その表情はとても嬉しそうで、誇らしげでもあった。

「登校時間は、始業時間がありますから、厳しくしています。でもね、帰ってくる時間は個人の判断に任せているんです。入浴の順番があるから、それに間にあえばいい、ということにしています。だから、寄り道してくる子は多いですよ。寄り道しながら、自然と触れあって、都会では経験できないことを経験しているんじゃないでしょうか。

村の人たちも、道で出会うと声をかけてくれるから、危ないこともない。そういう大人とのふれあいも、子どもを成長させるとおもいます。村の人にとっても、子どもたちとふれあうのは楽しみになっているようです」

と、山田が説明した。留学してきて子どもたちは、都会では経験できないこと、教科書では学べないことなど、多くのことを吸収できる機会にであえるというわけだ。

独自ノウハウに育てる努力

ただし、留学生を受け入れることに問題がないわけではない。留学生がやってくることで小学校の生徒数が確保され、それによって小学校は存続できる。小学校があることで、村に子どもたちの声があり、村人と子どもたちとのふれあいもうまれる。村が社会としても成立する重要な要素になっていることは、まちがいない。

「それでも、どこまで留学生を増やしていいものか、その疑問は問題としてあるんですよ。もしも小学校の生徒が留学生だけになってしまったら、それを村として支える必要があるのかどうか、悩むことになるでしょうね」

と語ったのは、教育長の井出である。過疎化がすすんでいって「村の子」がいなくなってしまえば、ほんとうの意味で「村の学校」といえるかどうか疑問だという。

前述のように、留学生事業は赤字の事業である。赤字でもやっているのは、留学生を受け入れることが村のためにもなるし、何より村の子どものためになるからである。学校としての環境が整い、さらに都会からきた子どもたちと接するが、村の子どもたちには刺激になる。そこから、教科書では学べない多くのことを村の子どもたちは吸収できているのだ。だから、赤字でも留学事業をやる意味があるのだ。

それが、大半の生徒が留学生になってしまえば、「留学生のためだけの事業」になる。村の活性化にはなるものの、村の子どもではない子どもたちのために多額の村費をかけていいものかどうか、簡単に結論がだせる問題ではない。

そのため北相木村では、留学生を受け入れるだけではなく、親もいっしょに移住してくるケースを増やすための事業も開始している。とはいえ、住む家を用意しただけでは、村への移住者は増えない。一家で移住してくるためには、その生活を支える雇用の問題を解決しなくてははじまらない。それこそ、簡単に解決できるような問題ではないのだ。

もうひとつ、留学について、過度の期待をもって参加してくる子どもや親がいることも事実である。しかし、北相木村も北相木小もユートピアではない。

北相木小は、普通の公立小学校である。ここに子どもを通わせれば、必ず立派な子どもが育つ保証などどこにもない。普通の小学校にあるような問題は、北相木小にもあるからだ。

そこを誤解して子どもを預ければ、ちょっとしたことで学校側への不信が生まれることになるだろう。子どもとも学校とも遠い場所に暮らす留学生の親ともなれば、少ない情報で判断しなければならない場面もあるはずである。先走りしてしまうと、たちまちモンスターペアレンツとなる可能性を秘めている。そこのところをどう考えるのか、留学に送りだす親も大きな覚悟と責任を迫られているのだ。

ともあれ北相木小は、花まる学習会と提携しても、ただ一方的にノウハウの提供を受けるだけでなく、それを独自のものにしていっている。だからこそ、それが留学生を集めるだけの魅力にまでなっているのだ。

それを実現したのは、太田をはじめとする教員たちの努力と切磋琢磨があるからだ。そうしたなかで、北相木小の教員たちは自らも成長している。教員が成長することで、間違いなく子どもたちは成長していく。「子どもの姿、目を見てくれ」と校長が胸をはる子どもたちに成長している。

子どもの成長にとって大事なことは、実は教員の成長だということを、北相木小の教員たちが教えてくれた。

第5章

そこに、教員の情熱はあるか

——東京都杉並区と佐賀県武雄市

学校と学習塾の関係

一九九二年に設立された学習塾の団体である「全国学習塾協同組合」は、文科省管轄の社団法人を目指していた。学習塾としては自らの事業を「教育」と信じているので、文科省の管轄下にはいるのは当然と考えたからだ。

しかし、文科省からは門前払いを受ける。激化する「受験戦争」を背景に急成長していた学習塾の存在に、学校が嫌悪感を募らせていたからだ。当時は、「子どもを金儲けの手段にしている」と怒りを露わにする学校関係者も少なくなかった。自分たちも子どもを相手にして生活を成り立たせているにもかかわらず、である。

ともかく、そうした状況もあって、文科省は学習塾を「門外漢」としてしか扱ってこなかった。そのため全国学習塾協同組合は文科省傘下となることをあきらめ、通産省（現、経済産業省）の管轄下にはいっている。

それほどに、学校と学習塾の関係は最悪なものだった。

しかし、その関係は現在、かなり変わってきている。

教員たちとのある会合で、「学習塾に抵抗感はありますか」と質問したところ、手を挙げたのはわずかでしかなかった。逆に多くの教員が、「抵抗感はない」と答えたのだ。そう答えたのは、大半が二〇代や三〇代で、抵抗感のない理由を訊ねると、「自分も学習塾に通っていたから」との答がもどってきた。

そういう時代背景も影響してはいるが、大きな理由は文科省の方針転換にある。激化する受験戦争の反省から文科省は、テストの点数を優先する教育から、ほんとうの意味での子どもの成長を優先する教育の模索を続けていく。その結果として登場したのが、一九九八年に改定して二〇〇二年度から導入された、いわゆる「ゆとり教育」を柱とする学習指導要領だった。ところが、この改定前後から「学力低下論争」が湧き上がり、導入されたばかりの新学習指導要領は批判の矢面にたたされることになる。

そして二〇〇四年一一月には、当時の中山成彬文部科学大臣が「甦れ、日本!」というタイトルをつけた教育改革試案を発表する。そこで中山文科相は、「全国学力・学習状況調査(全国学力テスト)」の〝復活〟を提唱し、日本の教育は「ゆとり」から再び「テスト点数至上主義」へと方向転換を決定的にした。全国学力テストは一九六一年から始まったが、学力の劣る子どもを試験当日に意図的に休ませるなど、成績を上げるための学校側の不正が目立ってきたため、一九六六年を最後に打ち切られていた。それが中山文科相の方針で復活の動きが急速に高まり、文科省は二〇〇七年度からの実施を早々に決めていく。

このテスト点数至上主義への方向転換によってますます注目を集める存在になったのが、学習塾だった。テストで子どもたちに点数をとらせる技術となれば、学校より学習塾のほうが格段に上だからだ。

復活のきっかけとなった中山文科相の「甦れ、日本！」には、全国学力テストを実施しなければならない理由として、「競い合う心や切磋琢磨する精神が必要だ」としている。実際、全国学力テストが実施されると、文科省が結果を発表する方針をとったことで、自治体ごと、学校ごとの順位争いが始まり、全国の学校は「競い合う」方向へ全力疾走しはじめたのだ。日本の教育は、中山文科相の狙いどおりに転がりはじめたことになる。

全国学力テストと点数至上主義

たとえば二〇〇八年度の全国学力テストの結果が判明し、大阪府の公立小学校が全国で四一位、中学校では四五位だったことを知った当時の橋下徹知事は、「このザマはなんなんだ」と怒りまくった。そして、府内の市町村教育委員会に対して全国学力テストの学校ごとの結果開示を強く求めた。それによって競争を煽り、全国学力テストでの順位を上げようとしたのだ。

これに、文科省の管轄である教育委員会は抵抗を示す。文科省が結果開示について「過度の競争が発生することを懸念する」との立場をとっていたこともあるし、開示をすれば競争が避けられないことは明白だったからだ。

それでも黙っていないのが橋下知事で、大阪府箕面市の地元ＦＭ局の公開生放送に出演すると、「くそ教育委員会が、みんな『公表しない』というんです」と攻撃的な発言で応じた。さらに放送終了後に記者団に、「(公表による）競争を甘受するかどうかは市民の判断だ」とも述べている。結果開示が競争を煽ることであり、それによって全国学力テストの全国順位を上げたいとの意図が露骨である。テスト点数主義そのものであり、それに微塵も疑問を感じていない発言である。

大阪市長に転じてからも橋下氏の考えには少しの変化もなく、大阪市でも学校別の結果開示を求めていく。大阪市の教育委員会も抵抗を示すものの、二〇一三年、大阪市教育委員会は学校別成績を市立学校全校で公表させる方向で議論をまとめている。競争させる環境づくりに一歩ふみこんだのだ。

静岡県でも大騒ぎとなった。二〇一三年四月実施の全国学力テストの国語Aで同県の公立小学校が全国で最下位となった結果を受けて、同県の川勝平太知事が「成績が悪かった一〇〇校の校長名を公表したい」との意向を示したのだ。大阪府の騒ぎをはじめ学校別の公表が話題を集めるなかで、文科省は学校別の順位発表は控えるように求めてきている。しかし、「学校名ではなく校長名だから文科省の指導に反しないだろう」というのが川勝知事の言い分である。

もちろん、詭弁でしかない。校長名を発表すれば学校名など簡単にわかってしまう。

学校別のランキングが簡単にやられてしまうので、教育委員会や学校は、もちろん反発した。川勝知事にしてみればそれが狙いなのだから、こちらも折れない。両者の対立がつづいた結果、川勝知事は「下位校の校長名ではなく、上位校の校長名を公表する」といいだした。これまた屁理屈でしかないことは言うまでもない。公表されなかった校長の学校は下位校ということになるから、その名前を公表したのと同じことになる。ここまでくると滑稽でしかないのだが、それが大真面目に議論されているのだ。

自治体の首長は全国学力テストで順位を上げたい。そのためには教育委員会や学校の尻をたたきたいとおもっている。その効果的手段が学校別の結果公表なのだ。競争して順位を上げてどうなるのか、そこのところは議論からすっぽり落ちている気がしないでもない。競争のための競争が行われているわけだ。テスト点数主義が幅をきかせているのだ。それが、日本の教育のひとつの現実でもある。

全国学力テストの学校別公表には抵抗を示してはいても、教育委員会や学校が全国学力テストの結果に無関心というわけではない。大阪府や大阪市、そして静岡市での騒ぎになっている公表は、誰もが簡単に知ることができるかたちでの公表である。そうした公表が行われなくても、その結果について学校関係者は知る立場にある。県単位での順位は文科省が公表しているのだから、それに引っ張られないわけにはいかない。

最下位だった県では、知事が怒りを表す以前に、県の教育委員会から成績の悪い地域の教育委員会に指導という名の苦情がいくだろうし、その地域では成績の悪い学校へとつながっていく。当然ながら責任も問われるわけで、全国学力テストでの成績を上げるために、それなりの努力が学校現場では強制されるのだ。

二〇一六年四月二〇日の記者会見で当時の馳浩文科相が、全国学力テストの成績を上げるために二月ごろから生徒に過去の問題を解かせていた地域があったと指摘し、「学力テストは点数の競争ではなく指導改善につなげるためのもの。本末転倒だ」と怒りを露わにしたことが新聞で報じられた。この記事に、多くの教員たちは我が目を疑った。ある教員が、あきれ顔で語った。

「過去問題をやらせるなんて、もはや学校では当然のことですよ。四月の全国学力テストを前に、二月くらいから対策授業をほとんどの学校がやっています。そんな現状を知らなかったなんて、文科相として、あまりにもひどい現状認識というしかない」

しかも、そうした競争への対応状況は文科省が意図したものだし、つくりだしたものである。テスト対策をやっていた学校ばかりを責めるような馳文科相の発言は、責任転嫁でしかない。

ともかく、全国学力テストによってテスト点数至上主義に拍車がかかってきている。学校では、テスト点数至上主義が肩で風を切ってのし歩いている。

そこで一気に注目を集めたのが、学習塾の存在である。区や市町村の教育委員会が主催する学習塾の講師を招いての補習授業が、いまや全国に広まっている。その数は、一説には数千ともいわれているほどだ。テスト点数至上主義が幅をきかせるようになって、子どもたちに点数をとらせることでは学校より技術をもっている学習塾に頼らざるをえなくなったといえる。

その典型として広く知られることになったのが、東京都杉並区の区立和田中学校での試みである。

「吹きこぼれ」対策の補修授業

全国学力テストが前年に復活していた二〇〇八年一月、和田中学では「夜スペ」と名付けられた夜間特別補習授業がスタートした。同校の成績上中位者を対象に、生徒が部活動を終えた夜に、学習塾「ＳＡＰＩＸ」の講師が授業を行うのが「夜スペ」である。有料だが、普通に学習塾に通うのにくらべれば半額である。受講料の問題であきらめていた子でも、学習塾に通える。場所も学校内でやるので、時間をかけて通う必要もない。学習塾に行けなかった子が学習塾の指導を受けて、その能力を高められる。それは、学校にとってもプラスとなる。

これをスタートさせたのは民間校長として同校に赴任していた藤原和博で、この年の三月には任期を終えることになる。その後は同じ民間校長で藤原に指名された代田昭久が校長を引き継ぐことになり、夜スペは続けられていく。

この夜スペはスタート時から注目され、マスコミが大挙して押しかける騒ぎとなった。マスコミが騒いだ第一の理由は、水と油の関係だとおもわれていた学校と学習塾が〝協力〟しての補習授業が始まるからだ。当時の教育界では画期的なことであり、そこにマスコミが飛びついた。マスコミが騒げばスタートさせた藤原にも一気に注目が集まり、教員経験のない民間校長でありながら、教育界を代表する人物のようにもてはやされることになる。

ただし、マスコミは「和田中学が学習塾と組んだ」と騒いだが、正確には違う。夜スペは、和田中学という公立中学校が主催してやっているわけではないのだ。

夜スペを主催しているのは、学校を支援する地域住民の組織である「地域本部」である。学校と地域本部は組織的にはまったく無関係で、いわば「学校を支援するために地域住民が勝手につくった組織」でしかない。だから、夜スペと和田中学という関係は、厳密に言えば無関係なのだ。

ただ、まったくの無関係かと問われればそうでもない。夜スペをスタートさせた理由を、藤原は自著『つなげる力　和田中の1000日』で、次のように書いている。

「『吹きこぼれ』をつくってしまうのが公立校の最大の弱点の一つだと気づいたときから、これをなんとか解決したいと考え抜いてきた」

公立校では、クラスのなかでも成績が真ん中くらいの生徒を対象に授業をすすめるのが普通になっている。これは、小学校も中学校も同じだ。真ん中くらいがいちばん大きなかたまりだから、授業のすすめ方としては効率的と考えられている。その結果、上と下に授業に満足できない層が生まれてしまう。下は、いわゆる「落ちこぼれ」と呼ばれてしまう可能性のある子どもたちである。逆に上が「吹きこぼれ」で、もっと高度な授業をやってもついてこれるし、成績も上げられるのに、そういう授業ではないために能力を発揮できないでいる存在だ。

下への対策として藤原は、すでに「ドテラ」の愛称で呼ばれる「土曜寺小屋」をスタートさせていた。週五日制で休みになっている土曜日の午前中に行われる、授業についていけない子どもたちのための補習授業である。といっても学校で、学校の教員がやるとなると、時間外労働をさせることになり、これは問題になりかねない。

そこで地域本部が主催して、大学生ボランティアが教える仕組みをつくった。学校とは関係ない地域住民が勝手にやることなので、仕組みとしては学校とはかかわりがない。文科省からも教育委員会からも文句はいわれない、というわけだ。

ただしドテラで講師を務めるのは基本的に大学生ボランティアであり、教える力の問題で、成績が上の子たちにとってはものたりない。そこで、藤原が目をつけたのが、学習塾だったのだ。そのあたりの経緯を、藤原、代田につづいて和田中学の校長に就いた末吉雄二が語った。末吉は民間校長ではなく、長年にわたって学校現場で働いてきた人である。

「私は藤原さんが和田中学の校長を務めた五年のうち、後半の二年間を副校長として一緒に仕事をしました。藤原さんが校長だったころの和田中学は、成績上位者でも都立高校の下のクラスにようやく合格するというレベルでした。そこで、上位成績者をもっと伸ばすことをやったほうがいい、と藤原さんにいったんです。藤原さんは、『あんまり都の方針から飛び出るようなことはやるな、と教育委員会にいわれているからな』と言う。『それでもやったほうがいいですよ』と私がいうと、『わかった』といって帰っていった。そして一晩で話を決めてきたのが夜スペでした。そこは、民間ならではの発想と行動力だと感心しましたね」

ドテラの経験があるので地域本部の主催でやれば、学習塾と組むのも問題ないし、成績上中位者だけを集めるには選抜試験をやればいいということで話を決めてきたのだ。

夜スペが広がらなかった理由

ただ、学習塾がぐっと学校に近づくことになる。大学生ボランティアなら許せても、教員としては抵抗があったはずである。それとも、和田中の教員たちは学習塾に対して寛大な気持ちをもっていたのだろうか。それを末吉に訊ねると、答えは意外なものだった。

「あの人は教員を相手にしない人でしたからね。夜スペにかぎらず、教員は校長の決めたことに従えばいい、という考えでした。副校長も校長の決めたことを教員に伝えるだけで、教員と話し合うなんて発想は、あの人にはありません。藤原さんのいうことに逆らってもムダだという雰囲気が、教員のなかにはありました」

そもそも教員とは関係のない地域本部が主催して夜スペもドテラも行われる仕組みなのだから、教員に相談する必要がないといえば、ない。教員に相談しなくてもいい仕組みとして、地域本部を考案したともいえる。

夜スペは、二代目の民間校長である代田のときに定着する。そして、結果も出すようになった。末吉が説明する。

「都立高校の下位クラスがやっとだったレベルだったのに、都立でもトップの日比谷や西校に合格する子もでてきたし、早稲田や慶応の合格者も普通になりました。私が和田中学に来たころには考えられなかった状態です」

マスコミが騒いだために、和田中学の人気は急上昇した。「学力なら和田中学」ということになって、学校選択制（二〇一六年度から廃止）のなかで入学希望者も急増する。実績が出ると、さらに評価は高まった。不動産屋が広告に「和田中学の選択可能内」と表示して客集めに利用している、という話までが広まった。それが事実だったかどうかわからないが、それほど和田中学の夜スペは注目を集めたのだ。

それならば、夜スペが杉並区内のほかの学校に広まってもよさそうなものである。しかしながら、和田中学以外で夜スペが始まったという話を聞かない。

藤原が発案した地域本部は、杉並区の学校に急速に広まった。現在では、ほとんどの学校に地域本部がある。杉並区教育委員会には、その地域本部をサポートする学校支援課も設けられているほどだ。その課長に、夜スペが広まらない理由を訊ねた。

「効果があるとは受け止められていないからでしょう。効果があるとおもえば、どこでもやっているはずです」

末吉が説明したような実績を無視する発言である。それを和田中学の二代目民間校長である代田にぶつけると、明らかに不愉快な表情でいった。

「個人的な好き嫌いからの発言でしかないでしょう。そういう無責任な発言を広められるのは迷惑です。実績が出ているのは確かだし、それは公にも認められていることですよ」

それでも、地域本部はできても、その地域本部が夜スペのような試みを実施していないのは事実だ。その理由を代田としてはどう考えるのか、重ねて訊いてみた。

「ハードルが高いんでしょう」

一言である。夜スペと同じことをやるとなると、子どもたちの夕飯の準備から学習塾講師の世話まで、大きな負担が地域本部にかかってくる。杉並区のほとんどの地域本部は、子どもたちの登下校のときの見守りなどの活動を主にしているというから、そこまでやれる気力と体力のある地域本部は、なかなか無いのかもしれない。

さらには、地域本部が独自に行動できる組織ではないことも大きい。組織的には学校とは無関係でも、校長の依頼に基づいて行動することが原則になっている。校長が頼みもしないのに、勝手に地域本部が夜スペを始めるわけにはいかないのだ。夜スペが広まらないのは、校長が要求しないからでもある。

夜スペの要求が校長からでてこないのは、なぜなのだろうか。ほとんどの校長が民間校長ではなく、教員経験のあるプロパーの校長だという事情が大きく関係しているはずだ。結局、夜スペやドテラは教員の力が足りないことを認めたことになる。子どもたちが勝手に学習塾に行くならまだしも、学校とは組織的には無関係の地域本部がやるとしても、客観的には半ば学校として公認しているように受けとられるのは仕方ない。つまり、学校が、教員の力が足りないことを認めたかたちになってしまうのだ。

蛇蝎のごとく学習塾をみていた、かつての教員がもっていた嫌悪感は薄まってきているとはいえ、自らの力不足を認めるようなことには教員にも抵抗感がある。校長にしても、教員としての力不足を認めることになるのだから、積極的になれないのも無理ない。夜スペやドテラは、教員を排除する発想がないと実行できないといえる。

夜スペやドテラが広がらない理由は、それだけではない。学習塾の成長を支えているのは、テスト点数至上主義である。テストで子どもたちに点数をとらせる技術で、学習塾は評価されている。その学習塾が学校にどんどんはいってくるということは、学校も学習塾と同じ価値観をもたざるをえなくなる。つまり、学校もテスト点数至上主義を最大の柱にせざるをえなくなるのだ。

文科省がテスト点数至上主義に舵をとったからには、学校も歩調をそろえていいはずである。全国学力テストの結果に神経を尖らせたり、対策授業をやったりと、学校もテスト点数至上主義に傾いてきている。しかし一方で、「テストの点数だけが教育ではない」という気持ちがあるのも、実は学校であり、教員なのだ。和田中学校長の末吉がいった。

「和田中学は点数で学校の評価を高めました。ただし、点数だけでいいと思っていないことも事実なんです。学校の施設が壊されるなどの事件が続いたこともあって、点数だけを重視する方針ではダメだと考えはじめています。私が校長になってからは、点数を無視するわけではありませんが、地域との交流を深めたりすることで、広い意味での子どもの成長を優先しています」

こうした意見があるのも現実である。テスト点数至上主義の風潮が強まり、学習塾の存在感も高まっている。

とはいえ、学校と学習塾の距離は、近くなっているようにみえながら、両者には大きな隔たりがあるのも現実である。テスト点数至上主義だけに流されない学校と教員、そして保護者の根底にある考え、姿勢が影響しているのではないだろうか。大きな声として表面化してはいないが、テスト点数至上主義への抵抗感、それは確実に存在しているのではないだろうか。だから夜スペやドテラは、教員を無視するようなかたちでしか実行できなかった。杉並区の他の学校に広まっていないのも、そうした抵抗感を無視できないからではないだろうか。

改革派市長のトップダウンで導入

佐賀県武雄市が、教育界でも一躍注目を集めることになったのは、同市が「官民一体型学校」という方針をうちだしたからだった。

武雄市といえば、民間の力を導入した「武雄市図書館」が全国的に知られるようになり、有名になった自治体である。市立図書館の運営を映画・音楽ソフトのレンタルや書店を手がける株式会社TSUTAYAを傘下におくカルチュア・コンビニエンス・クラブ（CCC）株式会社に委託するという、日本で初めての「官民一体」の図書館である。民間のノウハウを積極的に導入し、営業時間は朝九時から夜九時までとし、年中無休で営業している。館内では「スターバックス」も営業し、コーヒーを飲みながら図書館の本を読むことも可能だ。CCC直営の蔦屋書店もあり、映画・音楽ソフトを借りることも可能だし、本を購入することもできる。かなりユニークな図書館であることはまちがいない。

こうした図書館への民間活力の導入を実行したのは、前武雄市長の樋渡啓祐だった。トップダウン型の改革派として知られた樋渡だが、武雄市図書館は彼の知名度を全国区へと押し上げた。ただし、あまりにも強力なトップダウンに加え効率性と結果優先の彼のやり方に反発も少なくなかった。そのために市役所を離れた職員が少なからずいたのも事実である。

武雄市の官民一体型学校は、図書館と同じ樋渡の発案だった。図書館と同じ、まさにトップダウンで実行された案でもあった。

その樋渡は、二〇一五年一月の佐賀知事選に自民、公明両党の推薦をうけて立候補した。その直前、わたしは樋渡から取材の約束をとりつけていたのだが、立候補によって約束は二転三転し、結局は流れてしまった。当初は圧倒的有利を伝えられていたものの、次第に形勢があやしくなり、ふたを開けてみたら落選という結果となったからだ。安倍晋三政権の農協改革に反対する地元農協が、自民党推薦の樋渡の敵にまわったことが敗因といわれているが、彼のトップダウン型の改革路線が必ずしも支持されていたわけでもないことを、はからずも露呈することにもなったといえる。

その樋渡が発案した官民一体型学校は、第4章でも紹介した「花まる学習会」との協同事業である。花まる学習会と組んだ意図を樋渡に確認することはできなかったが、樋渡の官民一体校の話に乗った理由を、花まる学習会代表の高濱正伸から、わたしは次のように聞かされていた。

「公教育の場は社会の縮図であり、社会を学ぶには最適の場なんだということを再認識し、そういう場で社会を学ばせることが学校の教育では大事なんだと言い切ってもらえるようにできればいいなと考えています」

すでに述べたように、花まる学習会の方針は学力一辺倒ではなく、「大人になっても食べていける力」に主軸をおいている。それを実践するには、学習塾という枠より、むしろ多彩な子どもたちが集まっている公立学校のほうがふさわしい、とさえ彼は考えている。だから高濱は樋渡の話にのった。

「最初のころは、『なんで学習塾をいれるんだ』って、いろんなところから私も叱られましたよ」

といって笑ったのは、武雄市教育委員会の教育長、浦郷究だった。

学習塾といえばテスト点数至上主義、そして受験第一主義という固定観念が強い。武雄市の住民、保護者も点数や受験に無関心なわけではないが、その色だけに学校が染まってしまうことには警戒感をもったのだ。さらに、学習塾には金儲けを優先するイメージもあり、「金儲けの手段にされる」との懸念もあったにちがいない。

そういう住民や保護者の不安を払拭するには、花まる学習会を理解してもらうしかない。そのために説明会が何度も開かれた。そのたびに花まる学習会代表の高濱は、自ら武雄市に足を運んだ。

「地域への説明は終えて、かなりの支持は得ていると、官民一体学校の試験がはじまる前年には確信しました。武雄市の親たちも、日本国内で引きこもりや社会でうまくやっていけない若者が増えている問題があることは知っていたし、それが身近に起きる可能性があることも認識しています。

それが、子どものころに社会生活を経験していないことに原因があると説明すると、納得してくれます。揉め事があるから学校はいいのに、現在の多くの学校では揉め事を排除しようとする。子どもたちは、社会生活を経験できないままに大人になってしまう。だから、大人になってもメシを食えないことになる。大人になってもメシを食っていくのに必要な社会生活の基本を経験できる教育、本来の公教育の強みである教育を目指したいと話すと、『ぜひ、自分の地域でやってくれ』という反応ばかりでした」

公教育の場に存在する多種多様性、それこそが最高の教育環境だということを理解してもらうのは、そんなに難しいことではない、と高濱はいう。ただし、理解するのと納得するのとでは少し違うかもしれない。

旗振り役が去った後でのスタート

二〇一五年四月から始まった武雄市での官民一体学校は、市内に十一ある小学校のうち二校だけでスタートした。全校でないのは、まずはモデルケースとしてスタートして、そこでの評価が高ければ全校に普及させる、というわけだ。

どうやって評価するのだろうか。わたしが最初に武雄市を取材したのは、二〇一四年の一一月、つまり、まだ官民一体型学校は実質的にスタートしていないときである。そのとき、「官民一体型学校の評価はどうやってやるんですか」という質問を武雄市教育委員会の担当者にぶつけると、

「全国学力テストの結果には興味がありますね」

という答が返ってきた。それはある意味、予想どおりのものだったといえる。実際に全国学

力テストの成績だけで官民一体型学校の評価が決定されるのなら、「奇をてらったネーミングだけの試みで終わるしかない」と、わたしはおもった。

官民一体型と銘打ってはいるものの、それは、モデル校における教育のなかの一部で実施されるにすぎなかった。花まる学習会のノウハウである、子どもたちが自主的に、そして考える力をつけていくためのプログラムは、本来の授業が始まる朝の一五分の時間だけに組み込まれている。朝の読書運動として、始業前の時間に読書の時間を設けている学校が増えているが、そういった時間を花まる学習会のノウハウによるプログラムにあてるにすぎない。第4章で紹介した長野県の北相木小と同じようなスタイルだ。

公立小学校である以上、文科省の定めた指導要領にのっとった授業が優先されなければならない。花まる学習会の方針を優先した授業カリキュラムを組むわけにはいかないのだ。いくら市長の独断で始まった事業といえども、そこまでやれるほど市長の力は強くない。しかも、トップダウンで官民一体型学校を起ち上げた市長は、それがスタートした時点ではいなくなっている。そうしたなかで、武雄市の官民一体型学校は二〇一五年四月にスタートした。

次にわたしが武雄市を訪れたのは、二〇一六年二月のことだった。官民一体型学校のモデル事業が始まって、一年近くが過ぎようとしていた。

杉並区の和田中学のように、放課後、組織的には教員と関係ない地域本部が〝勝手〟にやるのなら教員も無視できるが、官民一体型学校と謳っている以上は、学校が関与しないわけにははいかない。教員も無関係ではいられない。長野県の北相木小のように教員が積極的になれればいいが、そうでなければ反発だけに終わっても不思議ではない。

そうなると、民間一体型学校が成立し、存続するのは極めて難しい。年度が替わるのを機に、民間一体型学校の中止、廃止が決められていても仕方ない。そうそう教員たちが新しい取り組みに積極的なわけがない。武雄市の官民一体型学校は、市長が替わった時点で終わった、とわたしは結論づけていた。

ところが、武雄市は年度が替わっても、官民一体型学校の継続を決めていた。それどころか、民間一体型学校の対象校をひろげることまで決めていた。

武雄市は、官民一体学校に価値を見出したのだろうか。それは、最初の取材で聞いた全国学力テストの成績という価値なのだろうか。そうであれば、あまり魅力を感じなかった。しかし、わたしが取材に訪れた二月は、まだ全国学力テストの結果はでていない。つまり、全国学力テストの結果を待たず、武雄市は官民一体型学校の推進を決めたことになる。武雄市に何が起きているのか。

学校側と花まる側の歩み寄り

実は、わたしが再び武雄市に興味をもったのは、長野県の北相木小の取材で花まる学習会の西郡文啓と知り合ったからだった。第4章で記したように、西郡は北相木小の教員たちが自ら学び、自ら前向きになるきっかけになった花まる学習塾のスタッフである。彼は、武雄市の官民一体型学校についても、花まる学習塾の専任スタッフとして関係していたのだ。武雄市に常駐しながら、北相木小にも定期的に出かけていって支援を続けるという活動をしていた。

「武雄市も、ようやく軌道にのってきています。一六年度からは対象校も増えて、がんばりどころになってきていますよ」

北相木小を取材する過程のなかで、ふと西郡が口にした。それに反応してしまったのだ。

西郡がいうのを聞いて私の頭に浮かんだのは、「花まる学習塾として採算がとれるようになったのか」ということだった。官民一体型学校といえば体裁はいいが、それに見合うような収入が花まる学習塾にあるわけではない。武雄市が負担している費用はわずかなもので、西郡に対する報酬も含めて、花まる学習会の負担のほうが圧倒的に多いことを、最初の取材の段階で把握していた。それは武雄市の教育委員会も認めていることだった。

「花まる学習会としても、採算のとれるような条件になったということですか」

わたしは西郡にストレートに質問した。ちょっと驚いたような、照れくさそうな表情になった西郡が笑いながら答えた。

「いや、花まる学習会として持ち出しの状況は変わっていません。対象校が増えるので講師の数も増やしますが、それも優秀な人材を選抜していますから、赤字は増えるといったほうがいいでしょうね。いま武雄市に貼り付けている人材を、武雄市ではなくて花まる学習会の教室に配置したら、確実に、かなりの収益につながりますからね」

それは新しい講師だけの話ではない。西郡自身が花まる学習会では相当に優秀な講師でもある。北相木小や武雄市にかかわっている時間を花まる学習会本来の講義に費やしていたら、かなりの収益を花まる学習会にもたらしていたことはまちがいない実力の持ち主なのだ。それでも彼は、北相木小や武雄市との共同プロジェクトに夢中になっている。

「会社としての収益を考えたら、私は余計なことをやっているのかもしれません。武雄市についても、赤字ばっかりを膨らませているにすぎません。

だけど、それで少しでも学校教育が良い方向にむかえばいいな、とおもっているんです。それを会社としての収益につなげられるかどうか、それは後輩たちに考えてもらえばいい。わたしは学習塾の人間だけど、その立場で、子どもたちの成長に役立つことがやりたい」

熱く語るわけでもない。しかし、淡々とした口調からは熱意と自信が伝わってくる。そうした熱意が、武雄市の教員たちにも伝わっているのではないかという気がした。

武雄市の官民一体型学校の試みは、二〇一五年度は武内小学校と東川登小学校の二校で始められた。その東川登小で五年生のクラスで担任を務める大宅正樹は、一年前をふりかえって次のように語った。

「降って湧いたような話でしたからね。学習塾といっしょにやるというだけで、どういうことをやるのかわからない。学習塾が学校にはいってくるというので、住民の方や保護者のほとんどが、学校で塾形式が導入されると受けとっていました。

教え込みというか、とにかく点数をとらせるために知識を詰め込む、そういうイメージが学習塾には強いみたいです。そういう学習塾型に学校が変わっていくのかと、懸念する見方が強かったですね」

大宅自身にも同じような懸念はあった。さらには、教員ならではの心配もあった。大宅が続ける。

「学習指導要領を中心にやらなければならないのに、どの時間で花まる学習会的なことをやるのか心配でしたね。学習指導要領をこなすだけでも、時間のやりくりに苦労しているのが学校現場の現状ですからね」

その心配はすぐに解消した。花まる学習会的なものは、授業が始まる前の、朝の一五分から二〇分を使うことがわかったからだ。それなら通常の授業に影響はないし、無理なくやれるとおもえた。さらに、それくらいの短時間であれば花まる学習会の影響は最小限になると、本音では考えたのではないだろうか。学校が花まる学習会に乗っ取られるようなことはない。

それにしても、「教え込み」という、どちらかといえば否定的なイメージのある学習塾が学校にはいってくることを、なぜ教員の立場として反対しなかったのか。または、納得いくまでの説明を求めなかったのだろうか。

「私たちは雇われている身ですから、上から『やれ』といわれたら、やるしかありませんからね」

と、大宅はいった。杉並区の和田中学の場合も、教員を無視するかたちで始まったが、こちらは始まってからでも教員は無関係のままだった。教員としては、不満はあったとしても、表面的には、「見て見ぬ振り」をしていれば、面倒なことにまきこまれることもない。

しかし武雄市の官民一体型学校は、教員が無関係というわけにはいかなかった。花まる学習会的なことはすべて、花まる学習会の講師がやってきてやってくれるわけではなかったからだ。常駐する花まる学習会の講師はいることはいるが、とても全部の学校の全クラスでやれる人数ではない。

武雄市としては最初から、花まる学習会的なことも教員に中心となってやらせる方針だった。導入については相談がなかったにもかかわらず、実施するについての負担は教員に全面的に押しつけたような格好である。それでも、「やるしかない」のが、教員の立場のようだ。

とはいえ、嫌々やったところで成果があがるはずがない。それでも、「上にいわれたから」という理由だけで、やれるものなのだろうか。それを大宅に訊くと、真剣な表情で答えた。

「最初に説明を聞いて、花まる学習会のやり方を取り入れて、授業のあり方を変えたいと市は考えているんだな、と私はとらえていました。だから、やってみて良いとおもえれば取り入れればいいし、逆に必要ないなら取り入れなければいい、と考えていました」

もしも教員たちが、「必要ない」と結論づければ、花まる学習会的なことをやる時間は確保されていても、それは「ムダな時間」になってしまいかねない。学習塾方式に最初から嫌悪感があり、それでも「上にいわれたから」と仕方なくやってはいるものの、表面だけで流そうとする教員が多くても、これまた同じことになる。

そうならないためには、教員たちに理解し、納得してもらう努力が必要になる。それが嫌なら、和田中学のように徹頭徹尾、教員を排除するようなかたちをとるしかない。しかし、それで子どもたちのためになるのかどうか、疑問は残るのだ。学校そのものが良い方向にいくのかどうか、疑問である。

武雄市の場合、その努力は花まる学習会側でも取り組んだ。西郡をはじめ花まる学習会からは二人の講師が常駐し、花まる学習会的な時間の指導をしながら、その狙いを教員に伝える努力を続けた。

教員たちの逡巡

指導といえば、上から目線の、押しつけがましい姿勢になりがちである。しかし武雄市で複数の教員に話を聞いたが、そうした不快さを語る教員はいなかった。第4章の北相木小の場合でも触れたが、ここでも、西郡の人柄が好評価をもたらしたことはまちがいなさそうだ。

かといって、西郡が武雄市の教員に気に入られようとして無理に下手にでているわけでもない。西郡が花まる学習会の授業の進め方について教員に説明する場面にたまたま居合わせたが、高圧的な態度ではないのはもちろんだが、教員たちに語りかける表情は真剣そのものだ。花まる学習会から派遣されているもう一人の講師である前原匡樹も、西郡よりずっと若いが、西郡に負けない真剣さで武雄市の教員たちと向き合っている。この真剣さを武雄市の教員たちも無視できるわけがない、とおもえた。

もちろん、いくら真剣に訴えられても、それに見合う中身がなければ相手にされるわけがない。花まる学習会的なものに学校の教員として価値を認められなければ、本気で取り組むわけがないのだ。そうなれば、「ムダな時間」になってしまい、市として放っておけなくなる事態になるはずだ。トップダウンで決まった官民一体型学校であり、その当事者であるトップが替わっているのだから、事業を中止するのは難しくない。

しかし、二〇一六年度も武雄市は官民一体型学校を続けることにした。さらにモデル校として三校を追加し、事業を拡大している。教育委員会としては、ますます積極的に取り組む姿勢なのだ。それは教員たちが、花まる学習会について理解を示し、受け入れたからにほかならない。どういうふうに受け入れているのか、大宅が説明する。

「これまでやってきて、子どもたちに良い変化が現れている気がします。花まる学習会のやりかたは、一五分間のあいだに三つか四つのことを次から次にスピード感を重視してやっていきます。どんどん切り替えないと、ついていけない。
そのためか、子どもたちは、うまく切り替えができるようになりました。花まるの時間だけでなく、たとえば休み時間から授業へ、授業から次の授業へといった切り替えが、スムーズにいくようになってきたと感じています」

花まる学習会のやり方を、理屈で理解するわけではない。子どもたちの様子から、その善し悪しを判断しているわけだ。子どものことを第一に考える教員だからこそ、子どもたちの変化を敏感に察知する。子どもたちにとって良いことなら、反対する理由はない、ということだ。

では、本格的な導入を前にして武雄市教育委員会も気にしていた、全国学力テストへの影響はどうなのだろうか。もっとも、わたしが大宅に取材したのは、全国学力テストが実施される前の時期のことである。当然ながら、結果はでていない。しかし、子どもと接するなかで、全国学力テストでの成績がどうなりそうかの予想くらいはたつはずである。

「よく、『成果は上がっているか』と訊かれます。全国学力テストもふくめて、学力面への影響を気にされているのは、わかります。でも、花まる学習塾は他の学習塾と違って、すぐにテストの成績を上げるようなことはやっていません。

言うならば、『脳トレ』のようなものです。やることで、子どもたちは基本的なところから変わってきています。すぐに成績につながるようなものではなくて、もっとあと、いま当校でやっている子たちが中学生、高校生になってからのことかもしれません。それでいいんじゃないでしょうか」

教員も、自分自身に対する評価は気にする。そこは、一般企業の社員とかわりない。全国学力テストの成績を上げるために熱心になるのも、上にいわれてのことでもあるが、自分の評価を上げる気持ちがないとはいえない。そういう意味では、花まる学習会的なものに取り組んで、それで全国学力テストなどの成績が上がれば、自分自身の評価を高めることになる。

しかし、三宅は、そういうことを気にしているようにはみえない。三宅だけでなく、それは、取材した東川登小の教員たちに共通することだった。それよりも、「子どもたちの変化」を目にしていることに、三宅も他の教員たちも満足しているようにおもえた。四年生を担任している山口徹朗も、それは同じだった。

「最初は、学習塾が学校にはいってくるなんて考えられなかった。私自身も学習塾に通った経験があるんですが、そこではテスト勉強、とにかく問題を解いて点数をとらせる授業というイメージでしたよね。

その学習塾が学校にはいってくれば、点数は上がるかもしれませんけどね。でも、そもそも学校は点数を上げるだけが目的のところではない、と私は考えていました。だから、なんで学習塾が学校にはいってくるのかな、という思いが強かった」

それでも、反対したところで、どうしようもない雰囲気だったたという。教員としては、「上にいわれたから」とあきらめざるをえない状況だったのだが、不安はあった。

「普通の学習塾とは違うから、との説明が市からありました。たしかに、花まる学習会の授業風景をビデオで観せられて、私が知っているような学習塾とは違うようでした。

それでも、朝からみんなで大きな声をだして音読したりする様子を観て、『なんて騒がしいんだろう』とおもいましたね。それまで、学校の朝の時間というのは読書や個人での計算練習で、どちらかといえば『静』のイメージがあったし、それに慣れていたところがありました。それが、あんな騒々しいことをやらされるのか、と不安はありました。抵抗感もありました。やりたくない、とおもいました。実際、『何のためにやるのか理解しないままに、やりたくない』とも口にしました」

ただし、始まると彼は熱心に取り組むことになる。良いか悪いかは別にして、とにかく決まったからには真面目に取り組んだのだ。

「始まったからには、その時間があるわけです。その時間を自分がダラダラしていたら、ムダになってしまうわけです。真面目にやるしかありません」

決まったからとはいえ、真面目に取り組めるものなのだろうか。「嫌なことを真面目にできるものですかね」と、わたしは彼にくどく訊いた。

「目の前に子どもがいますからね。子どもを教えるプロですから、いつまでも『嫌だ』とばかりはいっていられません。始まった以上は、そこには線を引いて、切り替えないといけない、とおもいましたね」

「昨日の自分を超える」

そして、一年が過ぎた。彼は、いまだに「嫌だ」という気持ちを隠しながら、プロ意識だけで花まる学習会的なことをやっているのだろうか。それを訊くと、返事は即座に戻ってきた。

「変わりましたね。自分は嫌だなとおもっていても、子どもたちは楽しそうにやっているんですね。その姿をみていると、『こういうのもいいのかな』とおもったりもします。

私が考えていたような点数をとるための学習塾ではなくて、花まる学習会のやり方は、『昨日の自分を超える』ことを大事にしているんですね」

たとえば計算問題にしても、ただ計算ができるように指導するのではない。花まる学習会では、一定の時間に同じ問題を何日も繰り返す。そうすると、時間内に一〇問しか解けなかった子が、次の日には一一問が解け、さらに次の日には一二問解けるようになっていく。誰と競争するのでもない、ただ計算のテクニックを身につけるのでもない、昨日の自分を超えたことで自信をつける。

これまでの学校教育では、一つの問題ができないと、それができるように何度も何度も教える。それが教員の正しい姿だとされてきた。優秀といわれる教員であればあるほど、何度も何度も子どもたちに一つのことを教えようとする。

反面、子どもにしてみれば、何度も何度も、「お前はできない。ダメなんだ」と繰り返されているようなものなのだ。自分がクラスメイトより遅れていることは、子ども自身がいちばん感じている。そこに、ダメだ、ダメだと繰り返されたのでは、自信を失ってしまう。成長を止めてしまうことにもなりかねない。

教員に悪気はないのは当然なのだが、子どもに自信を失わせることになっているところが学校にはある。テスト点数至上主義で他者と競わせることばかり優先すると、そうした子どもに自信を失わせる場面が多発する。子どもの成長につながるどころか、それを阻害することにすらなりかねないのだ。

「たとえば体育の授業で、徒競走や走り幅跳びなどで、自分の記録を伸ばそうとする意識が、子どもに強くなってきています。誰かに勝つことを優先するのではなくて、昨日の自分を超える意識が確実に育ってますね。他の先生方からも、よく聞くんですよね。それは、花まる学習会と組んだメリットではないでしょうか」

そう話す山口は、とてもうれしそうだ。他者に勝とうとするより、自分に勝とうとする子どもたちに、成長の手応えを感じているのだろう。

だから、「花まる学習会と組んでも子どもたちの成績は上がらない」といった話は、山口の口からもいっさいでなかった。山口のことだから、花まる学習会がテスト点数至上主義だったら、不満の態度を露骨にみせていたかもしれない。

「ここだけの話ですけどね」

と、ニッと笑いながら山口はいった。花まる学習会の悪口でも飛びだすのかと、ちょっと期待したりもしたのだが、その期待ははずれた。

「花まる学習会の講師も授業をやってくれるんですけどね、『教えるのは自分のほうがうまいな』とおもうこともあるんですよ。花まる学習会の講師がヘタというのではなくて、教員にも、そう考えさせるものが花まる学習会の授業にはあるんです。子どもたちも『昨日の自分を超える』ように、私たちも昨日の自分を超える意識をもちはじめています。

だから、一年生から六年生までの各クラスで花まる学習会に教えてもらったことをやっていますが、どのクラスでも同じことはやっていないとおもいますよ。教員がそれぞれが工夫して、自分たちなりの花まるの時間をつくっています」

と、山口は誇らしげにいった。東川登小をはじめ、武雄市で官民一体型学校のモデル校になって取り組んでいる学校の教員に、それは共通している。教員たちはただ押しつけられたことをやっているのではなく、自ら努力し、工夫しつづけている。教員自らが成長しているのだ。だからこそ、子どもたちも成長しつづけている。

武雄市では全国共通テストの結果が出る前に、官民一体型学校の継続を決めた。それは、テストでの点数よりも、もっと大事なものが官民一体型学校をやることで得られたと実感しているからではないだろうか。

その大事なものは、現在の多くの学校に欠けているもの、そして、実は必要とされているものではないだろうか。

あとがき

ある小学校での授業を参観したときのことだった。

学年ごとではなく、学年を縦割りにしたグループをつくり、そのグループで問題解決にあたる、という授業だった。高学年の子が低学年の子を引っ張ることで多くのことを学び、低学年の子は高学年の子に教えてもらいながら多くのことを学んでいく。

ちょっと前なら、放課後の日常の光景だった。といっても、昭和二十年代ケツの生まれのわたしにしてみれば日常だったということなので、「かなり昔」と表現したほうが適切なのかもしれない。

ともあれ、その時代は、同じ学年の子どもたちだけで群れるのではなく、放課後になれば縦割り社会だった。遊びもあれば、地域の行事もあったが、大人が介入しない子どもたちだけの世界があった。そこではそれぞれに役割分担があったし、その役割をはたすことで学ぶことも多かった、ような気がする。

現在は、そういう機会が少なくなっている。そこで前述の授業は、縦割りの機能を子どもたちに実感してもらうのが狙いだった。わざわざ、こういう機会を意図的につくらなくてはならない環境になってしまっているともいえる。

だから、授業が始まると、グループのなかで、子どもたちはガヤガヤ、ガチャガチャとはじめる。それまで慣れない縦割りの世界に放り込まれて、誰がリーダーシップをとっていいのやら、誰の話を聞かなくてはならないのか、まるで分からない状態のようだった。当然ながら、与えられた課題に対する答をみつけるのにまごつくことになる。

すると、その様子を見守っていた教員がたまらず近寄っていって、ちょいちょいアドバイスする様子がみられた。答を教えるのではなくヒントを与えるだけだからいいだろう、と教員は考えたのかもしれない。そんな光景が、あちこちでみられた。

それをみながら、「やっぱり教えたい人たちなんだな」と、わたしはおもっていた。子どもたちが自分たちの力で答を探そうとしているときに、「これが答だよ」と教えてしまうのだ。それが教員の習性なのかもしれない。

自分で見つけた答と、教えてもらった答では、子どもたちにとっての価値は雲泥の差があるはずである。だから、わざわざ縦割りの授業を導入しているはずだった。そこに教員が不必要に介入してしまっては台無しである。

この光景が象徴しているように、現在の教育は、子どもたち自らが答を導きだす前に、先回りして答を教えてしまう傾向が強くなっていると、わたしは考えている。そういう教育のなかにいる教員は、どうしても教えたがるのだ。

そして子どもたちは、ただの「覚える機械」になってしまっている。教えられて覚えた答は、正解ではあっても、そこから広がっていく可能性のないものでしかない。少なくとも、子どもたちを創造的にしない。そんな子どもたちをつくろうとしている現在の教育に、わたしは疑問を感じている。

「英語のエデュケーション（Education）を、『教育』と訳してしまったことが間違いの発端だったよね」

と、わたしの知人がいった。「Education」の本来の意味は「引きだす」であり、子ども一人ひとりがもっている能力と可能性を引きだすことに重点が置かれなければならない。それを「教育」と訳したように、日本の教育は「教え込む」ことに力が注がれてきた。その子の可能性、個性は無視して、均等に教え込むことが重視されてきた。それを問い直す時期に来ていると、わたしはおもっている。

本書は、『世界』（岩波書店）の二〇一五年年六月号から二〇一六年一月号までのなかで計六回にわたって連載させていただいた「本当の教育をとりもどす！」の原稿をベースにして、全面的に書き直したものである。

連載の機会をあたえてくださった『世界』編集部の清宮美稚子編集長と松崎一優氏に感謝したい。そして今回の単行本化にあたってお世話になった共栄書房の平田勝社長と佐藤恭介氏に、お礼をもうしあげたい。

今回の取材では本文中にご登場いただいた方をはじめ、多くの方々にご協力いただいた。心より感謝したい。

最後に、文中の肩書きは、すべて取材当時のものであることをお断りするとともに、文章上の都合で文中での敬称を略させていただいたことをお詫びし、ご理解をおねがいしたい。

前屋　毅

前屋　毅（まえや・つよし）
フリージャーナリスト。1954年、鹿児島県生まれ。法政大学第二社会学部卒業。立花隆氏や田原総一朗氏の取材スタッフ、『週刊ポスト』記者を経てフリーに。経済、社会、教育の問題をテーマに取り組んでいる。著書に『シェア神話の崩壊』『グローバルスタンダードという妖怪』『洋上の達人——海上保安庁の研究』『学校が学習塾にのみこまれる日』『日本の小さな大企業』などがある。

ほんとうの教育をとりもどす——生きる力をはぐくむ授業への挑戦

2016年12月15日　初版第1刷発行

著者—— 前屋　毅
発行者— 平田　勝
発行—— 共栄書房
〒101-0065　東京都千代田区西神田2-5-11 出版輸送ビル2F
電話　03-3234-6948
FAX　03-3239-8272
E-mail　master@kyoeishobo.net
URL　http://www.kyoeishobo.net
振替　00130-4-118277
装幀—— 三田村邦亮
印刷・製本－中央精版印刷株式会社

ISBN978-4-7634-1072-6 C0037